# Goethe in Weimar

Matthias Gretzschel / Toma Babovic

# Goethe in Weimar

Ellert & Richter Verlag

**Matthias Gretzschel**

geb. 1957, aufgewachsen in Dresden, studierte nach einer Buchhändlerlehre an der Leipziger Universität evangelische Theologie. Nach Promotion im Fachgebiet „Christliche Archäologie und Kirchliche Kunst" als freier Autor und Journalist in Leipzig tätig, seit 1990 Kulturredakteur beim „Hamburger Abendblatt". Autor zahlreicher kulturgeschichtlicher Sachbücher und Bildbände. Im Ellert & Richter Verlag sind von ihm die Titel „Als Dresden im Feuersturm versank", „Auf Johann Sebastian Bachs Spuren", „Auf den Spuren von Martin Luther" und „Der Harz" lieferbar.

**Toma Babovic**

geb. 1953 in Verden/Aller, studierte Architektur und Grafik-Design an der Akademie für Künste in Bremen. Seit 1989 freischaffender Fotodesigner in der Hansestadt. Er arbeitet u. a. für den „stern", GEO und Merian. Im Ellert & Richter Verlag sind von ihm die Bildreisen „Schönes Berlin", „Schönes Bremen", „Franken", „Potsdam", „Auf den Spuren von Ernst Barlach", „Auf den Spuren von Wilhelm Busch" und „Auf den Spuren von Martin Luther" erschienen sowie die Titel „Berlin – Stadt zwischen Vergangenheit und Zukunft", „Ins Land der Franken fahren ..." und „Leipzig".

**Titelabbildung:**

Das Junozimmer in Goethes Haus am Frauenplan

**Bildnachweis:**

alle Fotos Toma Babovic, Bremen, außer:
akg-images, Berlin: S. 54, 61 li., 76
Bildarchiv Preußischer Kulturbesitz, Berlin: S. 6 li., 10, 11 li., 12/13, 14, 15, 16, 17, 20, 21, 34 li. u. re., 50 re., 70
SV-Bilderdienst, München: S. 6 re.

**Bibliographische Information der Deutschen Bibliothek**

Die Deutsche Bibliothek verzeichnet diese Publikation in der Deutschen Nationalbibliographie; detaillierte bibliographische Daten sind im Internet über <http://dnb.ddb.de> abrufbar.

ISBN 3-8319-0219-4

© Ellert & Richter Verlag GmbH, Hamburg 2005

Text und Bildlegenden:
Matthias Gretzschel, Hamburg
Lektorat:
Inga Klingner, Hamburg
Gestaltung:
Büro Brückner und Partner, Bremen
Lithographie:
Offset Repro im Centrum, Hamburg
Druckerei:
Girzig + Gottschalk, Bremen
Bindung:
Buchbinderei S. R. Büge GmbH, Celle

# Inhalt

Stellen wir uns einmal vor, es wäre ganz anders gekommen. Wahrscheinlich würden wir Weimar heute zwar noch immer als eine hübsche ehemalige Residenzstadt mit einigen stattlichen Baudenkmälern schätzen, und sicher könnten die geschichtsbewussten Weimarer auch die Erinnerung an eine ganze Reihe bedeutender Persönlichkeiten wach halten, die einst hier wirkten und lebten. Stolz würde man vor allem auf Johann Sebastian Bach (1685–1750) verweisen. Der gebürtige Eisenacher war 1708 als Organist und Kammermusiker an den Weimarer Hof gekommen, hatte hier allerdings nicht nur gute Erfahrungen gemacht. So geriet er sogar kurzzeitig in Haft, bis er die Residenz 1717 endlich wieder verlassen konnte, um Hofkapellmeister in Köthen zu werden. Oder an Christoph Martin Wieland (1733–1813), den bedeutenden Schriftsteller der Aufklärung, der die Tradition des deutschen Bildungsromans begründete und seit 1772 als Prinzenerzieher am hiesigen Hof lebte. Ganz sicher hätten die gebildete Herzogin Anna Amalia und ihr Sohn und Nachfolger Carl August die eine oder andere Geistesgröße in ihre Residenz gelockt. An Weimars kulturellem Klima, an der geistigen Regsamkeit des Städtchens würde es keine Zweifel geben. Doch dass es zu einem so krassen Missverhältnis zwischen der bis heute recht bescheidenen Größe dieser Stadt einerseits und ihrer so enormen Bedeutsamkeit andererseits kommen würde, also zu jenem erstaunlichen Umstand, dass es ein Provinznest tatsächlich in die erste Liga der Weltkulturmetropolen schaffen würde, das wäre ohne Johann Wolfgang Goethe gar nicht vorstellbar.

Wie oft in der Geschichte spielt auch für Weimars erstaunlichen Aufstieg der Zufall eine wichtige Rolle. An einem düsteren Vormittag im Dezember 1774 klopfte ein junger Mann an die Tür von

Goethes Frankfurter Elternhaus am Hirschgraben. Im Fünfzehnten Buch von „Dichtung und Wahrheit" erinnert sich der Dichter an einen „wohlgebildeten, schlanken Mann", der seine dämmrige Mansardenstube betritt und den er beim ersten Anblick mit einem Freund verwechselt.

Er stellt sich als Karl Ludwig von Knebel vor, als Reisebegleiter des Weimarer Erbprinzen Carl August und dessen jüngeren Bruders Friedrich Ferdinand Constantin, die sich auf der Durchreise nach Paris gerade in Frankfurt aufhalten. Da Goethe, der schon manches über die besonderen Weimarer Verhältnisse gehört und gelesen hat, sehr interessiert an einem Gespräch mit dem Erbprinzen ist, kommt es kurz darauf im „Roten Haus", in dem die Reisenden abgestiegen sind, zur ersten Begegnung. Der damals gerade siebzehnjährige Erbprinz und der 25 Jahre alte Dichter, der mit dem „Götz von Berlichingen" (1773) und dem „Werther" (1774) allerdings schon über beträchtliches Renommee verfügt, sind sich auf Anhieb sympathisch. Sie sprechen über Literatur, diskutieren über die „Patriotischen Phantasien" des Historikers und Staatstheoretikers Justus Möser und setzen ihr Gespräch schon bald darauf in Mainz fort. Obwohl Goethes Vater Fürsten gegenüber grundsätzlich misstrauisch ist und seinen Sohn von einer weiteren Begegnung mit Carl August unbedingt abhalten will, folgt Goethe Carl August und seinen Begleitern in dessen nächste Reisestation.

„Ich gelangte also in sehr kalter Jahreszeit zur bestimmten Stunde nach Mainz und wurde von den jungen Herrschaften und ihren Begleitern, der Einladung gemäß, gar freundlich aufgenommen", erinnert sich Goethe. Wenig später resümiert er: „Die wenigen Tage des Mainzer Aufenthalts verstrichen sehr angenehm: denn wenn die neuen Gönner durch Visiten und Gastmähler außer dem Hause gehalten wurden, blieb ich bei den Ihrigen, porträtierte manchen und fuhr auch wohl Schlittschuh, wozu die eingefrorenen Festungsgraben die beste Gelegenheit verschafften."

Die Begegnung mit Goethe ist so positiv verlaufen, dass der inzwischen zum Herzog ernannte Carl August den Dichter im September des folgenden

Das Profil einer außergewöhnlichen Persönlichkeit: Schon als junger Mann wusste Johann Wolfgang Goethe (links) die Menschen, die ihm begegneten, nachhaltig zu beeindrucken.

Carl August (rechts) war noch nicht Herzog von Sachsen-Weimar, als er Goethe zum ersten Mal traf. Die eher zufällige Begegnung, zu der es im Dezember 1774 in Frankfurt kam, sollte für beide schicksalhaft werden. Ein knappes Jahr später traf Goethe bereits in Weimar ein.

Jahres in seine Residenz in Weimar ein- lädt. Ohne zu zögern, nimmt Goethe die Einladung an. Carl August ist auf dem Weg nach Karlsruhe, wo er die Darmstädter Prinzessin Luise von Hes- sen heiraten wird, und macht in Frank- furt Station. Gleich nach der Hochzeit schickt er seinen Kammerherrn August von Kalb nach Frankfurt, damit dieser Goethe in seinem Landauer nach Wei- mar bringen kann. Doch da sich Kalb um mehrere Wochen verspätet, ist Goe-

the drauf und dran, sich anders zu ent- scheiden. Statt weiter auf den offenbar unzuverlässigen Weimarer Abgesand- ten zu warten, will er nun eine schon lange ersehnte Italienreise antreten. Er ist bereits in Heidelberg, als von Kalb endlich in Frankfurt eintrifft. Schrift- lich benachrichtigt, entscheidet sich Goethe nun doch für Weimar, kehrt nach Frankfurt zurück und besteigt den bequemen Reisewagen, der ihn auf holprigen Straßen in die kleine thürin- gische Residenz bringt. Als die Kutsche am frühen Morgen des 7. November 1775 das Stadttor passiert, ahnt nie- mand, dass dies ein historischer Moment ist. Auch Goethe, der in den ersten vier Monaten seines Aufenthaltes im Hause des Kammerpräsidenten Kalb im Deutschritterhaus hinter der Stadt- kirche unterkommt, rechnet natürlich noch nicht mit einem ständigen Aufent- halt, sondern ist erst einmal gespannt darauf, was ihm die Residenzstadt Wei- mar und ihr neuer Herrscher bringen mögen.

In der kulturvollen Atmo- sphäre dieses Bürgerhauses am Frankfurter Hirsch- graben wuchs Goethe auf. Hier erschien im Dezember 1774 Karl Ludwig von Knebel, um im Auftrag von Carl August eine Begegnung mit Goethe zu arrangieren. Das Foto zeigt das Zimmer von Katharina Elisabeth Goethe, der Mutter des Dichters.

Meist arbeitete Goethe am Stehpult, um in der Stille und Abgeschiedenheit dieses Zimmers im dritten Stock seine frühen Werke zu verfassen. Im Dichterzimmer im Frankfurter Goethe-Haus entstanden unter anderem „Götz von Berlichingen", „Clavigo", die erste Fassung des „Faust" sowie der Roman „Die Leiden des jungen Werthers", mit dem der junge Dichter einen beispiellosen Erfolg hatte. Heute ist das Haus am Hirschgraben als Museum eingerichtet.

Was wird Goethe empfunden haben, als er Weimar am 7. November 1775 zum ersten Mal sah? Er hat sich nicht dazu geäußert, aber es lässt sich ganz gut vorstellen, wie die kleine Residenz auf den Sohn des Kaiserlichen Rathes aus Frankfurt gewirkt hat. Für einen Bewohner der Freien Reichsstadt, in der die deutschen Kaiser gekrönt wurden, musste Weimar eine herbe Enttäu-

*Das Weimarer Fürstenhaus, das 1770 bis 1774 von Johann Gottfried Schlegel als Verwaltungsgebäude errichtet wurde, diente nach dem Schlossbrand von 1774 der Weimarer Herrscherfamilie als Ausweichdomizil. Heute beherbergt das später mehrfach umgebaute Haus das Hauptgebäude der Hochschule für Musik Franz Liszt.*

schung sein. Mit seinen gerade mal 6000 Einwohnern, den altmodischen Häusern, den engen Gassen und seinen ärmlichen Bewohnern glich Weimar mehr einem Dorf als einer einigermaßen ernst zu nehmenden Residenzstadt. Nicht einmal ein ordentliches Schloss fand sich hier, denn die Wilhelmsburg, von der aus die Herzogin Anna Amalia noch bis vor kurzem die Herrschaft für ihren minderjährigen Sohn Carl August ausgeübt hatte, war 1774 größtenteils abgebrannt. Nun residierte Goethes Freund und Gastgeber, der inzwischen zum Herzog ernannte Carl August, in einem zwar relativ neuen und klassizistischen, also durchaus modernen, aber eben doch zweckentfremdeten Gebäude, dem Fürstenhaus. Von 1770 bis 1774 hatte es Anna Amalia nach Plänen des ortsansässigen Landbaumeisters Johann Gottfried Schlegel als Verwaltungssitz erbauen lassen. Jetzt wohnte Carl August in der ersten, seine junge Frau in der zweiten Etage eher zweckmäßig als repräsentativ. Da das Schloss

weitgehend zerstört war, verteilte sich der Hof auf eine ganze Reihe von Gebäuden innerhalb der Stadt.

Doch obwohl etwa 500 Personen – was immerhin rund acht Prozent der Einwohnerschaft entsprach – in unterschiedlichster Weise direkt für den Hof tätig waren, prägten weniger die Adeligen und Höflinge das Stadtbild, sondern vielmehr die Handwerker mit ihren Gesellen, die Tagelöhner und die Bauern, die die Felder rings um die Stadt bestellten. Jeden Morgen trieb ein städtisch besoldeter Hirte das Vieh durch die engen Gassen der Stadt hinaus auf die Weiden. Die innerstädtische Viehhaltung dürfte den durch die primitiven oder gar nicht vorhandenen

sanitären Einrichtungen entstandenen Gestank nicht unerheblich verstärkt haben. Größere Gewerbebetriebe gab es fast keine – bis auf das „Landes-Industrie-Comptoir" von Friedrich Justin Bertuch. Der 1747 in Weimar geborene Schriftsteller, Journalist, Beamte und Geschäftsmann war ein organisatorisches Multitalent. Als Goethe in Weimar eintraf, hatte der gerade zum Geheimsekretär ernannte Bertuch die Verwaltung der fürstlichen Privatschatulle übernommen – eine delikate Aufgabe. Neben seinen vielfältigen Pflichten für den Hof, denen er gewissenhaft nachkam, bis er 1796 mit Carl August endgültig über Kreuz lag und sich verärgert entpflichten ließ, fand er noch Zeit für mehr oder minder profitable Privatunternehmungen. 1791 vereinigte er seine verschiedenen Aktivitäten zu eben jenem „Landes-Industrie-

Friedrich Justin Bertuch (1747–1822), der hier auf einem Porträt von Johann Friedrich August Tischbein zu sehen ist, war vielseitig begabt und zu der Zeit, als Goethe in Weimar eintraf, äußerst einflussreich. Er wirkte als Schriftsteller und Journalist, war aber zugleich ein hoher fürstlicher Beamter und Geschäftsmann.

Comptoir". Wichtigste Sparte dieses „Gemischtwarenladens" war eine Fabrik für Seidenblumen, die für Goethe vor allem deshalb eine gewisse Bedeutung erlangte, weil seine spätere Geliebte und Frau, Christiane Vulpius, hier als Näherin beschäftigt war.

Das Stadtrecht hatte Weimar schon im 13. Jahrhundert erhalten. Seit 1552 war die kleine Stadt Residenz sächsischer Herzöge, doch mit Sachsen-Weimar-Eisenach ließ sich nicht viel Staat machen. Die Gegend war arm und wirtschaftlich unterentwickelt. Es gab zwar ein paar bescheidene Gewerbebetriebe, kleine Porzellanmanufakturen, Glashütten und Strumpfwirkereien, aber kaum Industrie. Der Bergbau in Ilmenau, wo man schon seit dem 13. Jahrhundert Kupfer und Silber gefördert hatte, lag seit 1739 brach. So lebte der größte Teil der etwa 100 000 Einwohner des Herzogtums mehr schlecht als recht von der Landwirtschaft. Ungefähr 30 Kilometer nördlich von Weimar verlief die wichtige Handelsroute zwischen Goethes Heimatstadt Frankfurt am Main und dem ihm bestens vertrauten Leipzig, wo er studiert hatte. Doch der Verkehr lief eben an Weimar vorbei, denn hier gab es kaum etwas, womit Händler Profit hätten erwirtschaften können. Außerdem befand sich das Wegenetz des hoch verschuldeten Zwergstaats, der noch an den Folgen des Siebenjährigen Kriegs litt, in beklagenswertem Zustand.

Als Goethe im Landauer des Kammerherrn von Kalb an jenem Spätherbsttag des Jahres 1775 über das unebene Pflaster der Residenzstadt rumpelte, konnte er sich vermutlich kaum vorstellen, dass er hier mehr als ein halbes Jahrhundert und damit den mit Abstand größten Teil seines Lebens verbringen würde. Wahrscheinlich werden die Weimarer nicht viel Notiz von der Kutsche genommen haben, die an diesem Tag zum Deutschritterhaus unterwegs war, wo der Gast aus Frankfurt sein erstes Quartier bezog. Aber es konnte eben auch niemand ahnen, dass sich das kleine Weimar just an diesem Tag anschickte, kulturelle Weltgeltung zu erlangen.

Blick in das stilvolle Foyer des Bertuch-Hauses. In dem klassizistischen Gebäude, das von 1780 bis 1802 in mehreren Bauphasen entstanden ist, war nicht nur Bertuchs Seidenblumenfabrik untergebracht, sondern es war auch das Wohnhaus des Geschäftsmanns. Zum Kulturhauptstadtjahr 1999 wurde es mit großem Aufwand restauriert. Heute beherbergt es das Stadtmuseum, das derzeit aber aus Kostengründen geschlossen bleiben muss.

1. Kirchen Hauß.
2. Bibliotheck.
3. Das Fürstl. Schloß.
4. Das mittl. Schloß.
5. Die Haupt Kirche zu S. S. Petri & Pauli.

6. Garnison Kirche zu S. Jacob.
7. Das Gimnasium.
8. Das Frauenthor.
9. Kegelthor.
10. Erffurtherthor.

Prosp
Fürstl. Sächs
Sta
W e
gegen

Nett anzusehen, aber eben doch sehr überschaubar. Diese Radierung zeigt Carl Augusts Residenzstadt Weimar im Jahr 1785. Im Vergleich zu anderen fürstlichen Residenzen jener Zeit wirkte die Stadt an der Ilm recht bescheiden.

Welche enorme kulturelle Bedeutung sie just zu dieser Zeit erlangte, kann eine solche Städteansicht natürlich nicht vermitteln.

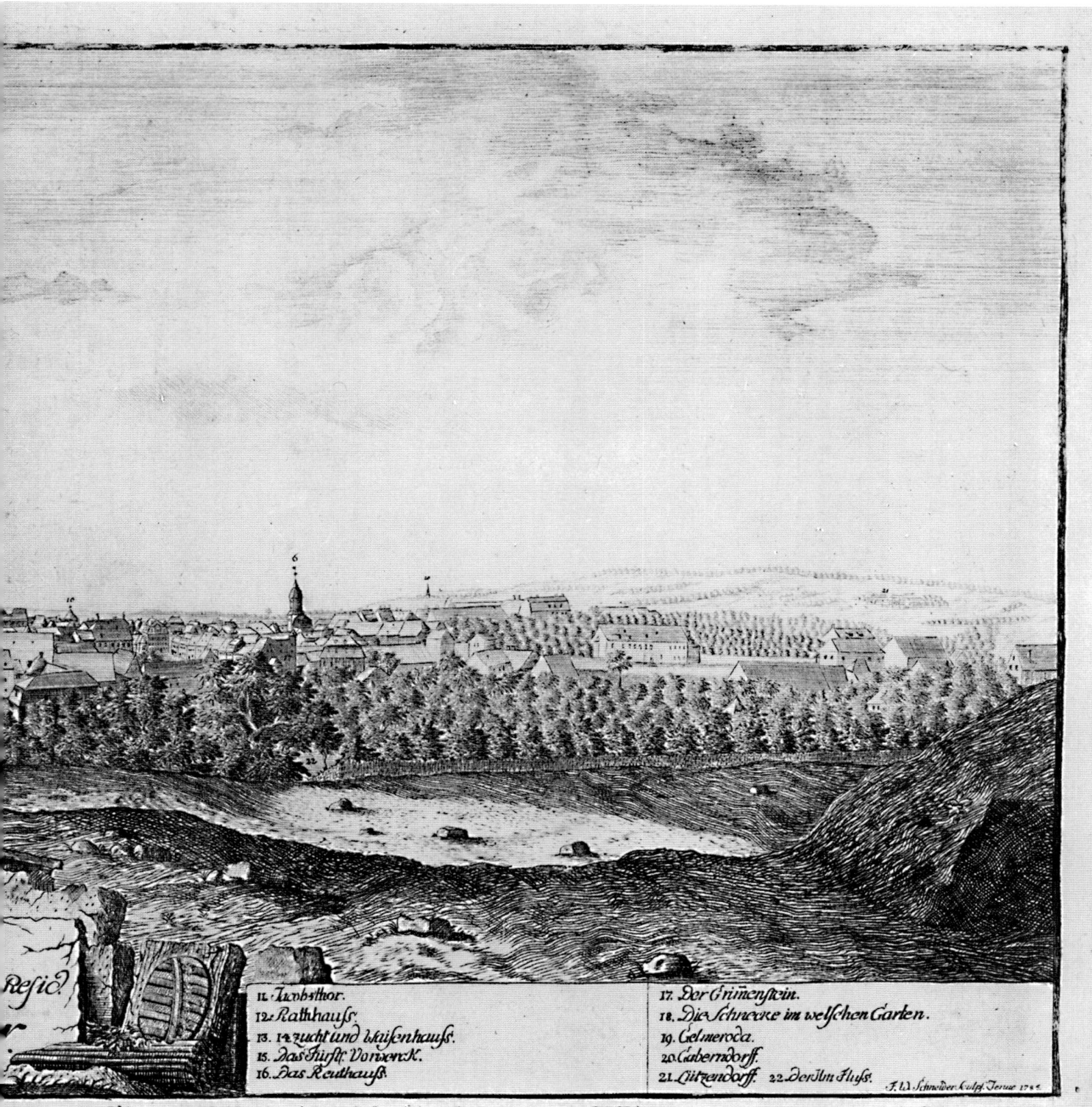

11. Tuchsthor.
12. Rathhauß.
13. 14 Zucht und Waisenhauß.
15. Das fürstl. Vorwerck.
16. Das Reuthauß.

17. Der Grimenstein.
18. Die Schnecke im welschen Garten.
19. Gelmeroda.
20. Caberndorff.
21. Lützendorff. 22. Der Ilm Fluß.

J. W. Schneider sculps. Jenae 1744

Ein Teenager als Regent eines Landes? 1775, als Anna Amalia die Herrschaft über Sachsen-Weimar-Eisenach an ihren Sohn abtrat, war dieser zwar volljährig, aber eben erst 18 Jahre alt. Diese Praxis war bis ins 19. Jahrhundert hinein keineswegs ungewöhnlich. Peter der Große war, als er 1689 die Alleinherrschaft als Zar des riesigen russischen Reichs übernahm, sogar erst 17 Jahre alt. Achtzehnjährige bestiegen in verschiedenen europäischen Ländern häufig dann den Thron, wenn in der dynastischen Erbfolge nur männliche Nachkommen berücksichtigt wurden, diese aber bis zu ihrer Volljährigkeit vertreten werden mussten. Genau das war in Weimar geschehen. Anna Amalia (1739–1807), geborene Prinzessin von Braunschweig-Wolfenbüttel, heiratete 1756 den damals auch erst achtzehnjährigen Ernst August Constantin von Weimar. Als sie nur zwei Jahre später Witwe wurde, griff sie – selbst erst neunzehnjährig – beherzt nach der Macht, die sie bis zur Volljährigkeit ihres Erstgeborenen ausübte.

Carl August war zum Zeitpunkt seiner Thronbesteigung zwar ein Teenager, doch all das, was sich mit diesem modernen Begriff verbindet, war im Zeitalter des späten Absolutismus unbekannt. Er wusste von Kindheit an, dass er als Achtzehnjähriger regieren würde – und er wurde vorzüglich auf diese Lebensaufgabe vorbereitet. Christoph Martin Wieland, der neben Gotthold Ephraim Lessing wichtigste Autor der deutschen Aufklärung, kümmerte sich um die Ausbildung des Nachwuchsregenten, der in Begleitung seines Erziehers Johann Eustachius Graf von Görtz zu Schlitz 1774/75 eine halbjährige Kavalierstour unternommen hatte. Auf dieser Reise, die ihn über Frankfurt, Mainz, Karlsruhe und Straßburg bis nach Paris geführt hatte, war es zu der schicksalhaften Begegnung mit Goethe in Frankfurt gekommen.

Nun regierte der Achtzehnjährige also, aber er war keineswegs bereit, alles so weiterzuführen, wie es die Mutter und ihre Ratgeber bis dahin gehalten hatten. Statt sich ausschließlich von – zumin-

dest aus seiner Sicht – alten Männern beraten zu lassen, bezog er den Dauergast aus Frankfurt schon ein reichliches halbes Jahr nach dessen Ankunft in Weimar ganz unmittelbar in die Regierungsgeschäfte mit ein. Am 11. Juni 1776 berief er Goethe zum Geheimen Legationsrat mit Sitz und Stimme im innersten Machtzirkel des Zwergstaates, dem Geheimen Conseil.

Auf den ersten Blick erscheint dies wie eine Tollheit, denn der damals 27 Jahre alte Goethe war zwar Jurist und ein – vor allem von der Jugend bewunderter – Star auf der literarischen Bühne, aber weder von Verwaltung noch vom politischen Tagesgeschäft hatte er die geringste Ahnung. Nun erschien er also ein- oder zweimal pro Woche im Conseil, um mit Carl August und dessen

Sie gilt völlig zu Recht als eine der bedeutendsten Frauen des 18. Jahrhunderts. Herzogin Anna Amalia (1739–1807), die Mutter von Carl August, war jung verwitwet und hatte bis zur Volljährigkeit ihres Sohnes die Regierungsgeschäfte übernommen. Zuallererst ihr ist es zu danken, dass in Weimar jene geistige Atmosphäre entstand, in der Goethe seine enorme Wirksamkeit entfalten konnte. Das Pastell von Johann Heinsius zeigt die geistvolle Fürstin im Alter von 40 Jahren.

würdigen Beratern über das Wohl und Wehe des Landes zu entscheiden. Dafür kassierte er das wahrhaft fürstliche Jahresgehalt von 1200 Talern. Ein solcher Aufstieg wurde natürlich nicht ohne Widerspruch hingenommen. Assistenzrat Christian Friedrich Schnauß runzelte die Stirn und der Wirkliche Geheime Rat und leitende Minister Jakob Friedrich Freiherr von Fritsch war so empört, dass er beinahe alles hingeworfen hätte. Carl August erwies sich in gewisser Hinsicht nämlich doch als Teenager, der geneigt war, sich auf wenig standesgemäße Art zu amüsieren, gern auch in Begleitung seines neuen Freundes. Wie konnte er sich nur so benehmen, dieser junge Fürst, redeten die Leute. Und – was weit schlimmer war – in Weimar wurde nicht nur geredet, sondern immer auch geschrieben. So berichtete der Schriftsteller und Philologe Johann Heinrich Voß in einem Brief: „In Weimar geht es schrecklich zu. Der Herzog läuft mit Goethe wie ein wilder Pursche auf den Dörfern herum, er besauft sich und genießt brüderlich einerlei Mädchen mit ihm." Selbst dem hoch geachteten und damals als Dichterfürsten gefeierten Friedrich Gottlieb Klopstock in Hamburg kam zu Ohren, dass Goethe und sein Herzog sich in Weimar offenbar gründlich daneben benahmen, was ihn zu einem Mahnbrief an den jungen Dichterkollegen veranlasste. Das erwies sich allerdings als keine besonders gute Idee, denn Goethe reagierte mit einem ziemlich respektlosen Antwortbrief, in dem er sich jeden Ratschlag vom Verfasser des „Messias" verbat. „Verschonen Sie uns ins Künftige mit solchen Briefen, lieber Klopstock!", heißt es da ziemlich patzig.

So schlimm, wie sich Klopstock Goethes Treiben in Weimar wohl ausmalte, war es nun wiederum auch nicht. Selbst wenn er an manchen Ausschweifungen des jugendlichen Fürsten teilnahm, übte Goethe – als der fast ein Jahrzehnt Ältere – insgesamt doch einen sehr guten Einfluss auf Carl August aus. Anna Amalia erkannte dies sehr wohl, förderte ihn und nutzte ihren beträchtlichen Einfluss, um ihm Rückhalt in der Weimarer Hofgesellschaft zu verschaf-

fen. Erstaunlicherweise erwies sich der junge Dichter als ein Naturtalent in Sachen Politik und Verwaltung. Wahrscheinlich hätte er am Anfang selber nicht geglaubt, wie gut er sich in das Regierungsgeschäft einarbeiten würde. Er nahm nicht nur an den Beratungen des Conseil teil, sondern übte bald eine ganze Reihe verantwortungsvoller Posten aus: 1777 wurde er Leiter der Bergwerkskommission, eine Aufgabe, der er sich mit großem Engagement, wenn auch letztlich ohne wirklichen Erfolg widmete. 1779 übernahm er den Vorsitz der Kriegskommission, eine heikle Angelegenheit in dem Zwergstaat Weimar mit seinen militärisch äußerst begrenzten Möglichkeiten. Außerdem übertrug ihm der Herzog die Leitung der Wege- und Wasserbaukommission. Hier erwies sich Goethe als guter Organisator und konsequenter Modernisierer. Mit Erfolg setzte er sich für die Verbesserung des Wegenetzes und den Bau und die Reparatur von Brücken ein – ein wichtiger Schritt zur Förderung des Handels. Nachdem sich der Herzog von dem recht unglücklich agierenden Kammerherrn August von Kalb getrennt hatte, wurde Goethe 1782 auch noch dessen Nachfolger als Kammerpräsident und Finanzminister – angesichts der zerrütteten Staatsfinanzen alles andere als ein Traumjob. Doch der Dichter bewährte sich auch hier, wohl wissend, dass nur drastische Maßnahmen zum Erfolg führen würden. Konsequent reformierte er das Steuer- und Finanzsystem und rüstete angesichts der ohnehin nur bescheidenen militärischen Optionen konsequent ab, indem er das herzogliche Heer um mehr als die Hälfte reduzierte.

Schon am 22. Januar 1776, gerade zweieinhalb Monate nach seiner Ankunft, als er noch keinerlei Ämter bekleidete, schrieb Goethe in einem Brief: „Ich bin nun ganz in alle Hof- und politische Händel verwickelt und werde fast nicht wieder weg können." Und Wieland schrieb am 22. Juni 1776, elf Tage nachdem Goethe ins Conseil berufen worden war, an Johann Caspar Lavater in der Schweiz: „Unsern Goethe habe ich seit acht Tagen nicht sehen können. Er ist nun Geheimer Legationsrat, und sitzt im Ministerio unseres Herzogs – ist Favorit-Minister, Factotum, und trägt die Sünden der Welt. Er wird viel Gutes schaffen, viel Böses hin-

dern, und das muss – wenn's möglich ist – uns dafür trösten, dass er als Dichter wenigstens für viele Jahre verloren ist. Denn Goethe tut nichts halb."
Tatsächlich war das Ministeramt für Goethe eine neue Herausforderung, ein neues Feld mit Beschränkungen und Möglichkeiten, auf dem er sich beweisen, auf dem er etwas leisten wollte. „Meine Lage ist vorteilhaft genug, und die Herzogthümer Weimar und Eisenach immer ein Schauplatz, um zu versuchen, wie einem die Weltrolle zu Gesichte stünde", notierte er, wohl wissend, dass es sich um eine recht kleine Welt handelte. Bis er 1785 aus dem Conseil ausschied, nahm er an mehr als 500 Sitzungen teil, zu denen er auch persönlich viel beigetragen hat. 1779 ernannte ihn der Herzog zum Geheimen Rat, drei Jahre später ließ er ihn durch Kaiser Joseph II. adeln – der gesellschaftliche Aufstieg des Dichters hatte nun auch seinen äußeren, für jedermann erkennbaren Ausdruck gefunden.

Der Dichter Christoph Martin Wieland kam 1772 auf Einladung von Anna Amalia nach Weimar. Sie hatte ihn als Erzieher für Carl August ausersehen – eine glückliche Entscheidung. Später lebte Wieland als freier Schriftsteller in Weimar und auf seinem Gut im nahe gelegenen Oßmannstedt.

Hatte Goethe mit der großen Verantwortung im kleinen Staat nun seine eigentliche Bestimmung gefunden? Konnte der Frankfurter Dichter in seiner neuen Rolle als sachsen-weimarischer Minister, als hoch geachteter Staatsbeamter, als einer, der Macht ausübte und mitunter auch gegen manche Skrupel ausüben musste, wirklich zufrieden und ausgefüllt sein? Die Antwort darauf lautet natürlich: nein. So sehr Goethe die Möglichkeiten, die Weimar ihm nun bot, auch zu schätzen und zu nutzen wusste, glücklich wurde er damit nicht. Gerade weil er sein Staatsamt so ernst nahm, empfand er es auch als Bürde, litt er unter der Last der amtlichen Pflichten und sehnte sich nach einer gewissen Privatheit. Aber das private Leben seiner frühen Weimarer Jahre war durch das ungemein tiefe, aber auch höchst komplizierte Verhältnis zu der Hofdame Charlotte von Stein (1742–1827) zunehmend belastet. Es ist bezeichnend für seine Seelenlage, dass der Pantheist Goethe am 7. August 1779 in seinem Tagebuch ausgerechnet ein Gebet notierte. In seiner Bitte an Gott heißt es: „Lasse uns von Morgen zum Abend das gehörige thun und gebe uns klare Begriffe von den Folgen der Dinge. (...) Möge die Idee des reinen die sich bis auf den Bissen erstreckt den ich in den Mund nehme, immer lichter in mir werden."

Während Goethe im politischen Tagesgeschäft mit Ungerechtigkeit, sozialem Elend und Not konfrontiert wurde, sehnte er sich nach „Reinheit" und

Charlotte von Stein (1742–1827), deren Porträt wir hier auf einer Pastellminiatur von Dorothea Stock sehen, war knapp sieben Jahre älter als Goethe, der sich schon bald nach seiner Ankunft in Weimar in sie verliebt hatte. Wäre es nach dem Dichter gegangen, hätte es nicht bei einer „Seelenfreundschaft" bleiben müssen. In den ersten zwölf Jahren seiner Weimarer Zeit blieb die Hofdame Charlotte von Stein die Persönlichkeit, die den wohl größten Einfluss auf Goethe ausübte.

jener „reinen Menschlichkeit", die er in der Weimarer Realität kaum finden, der er aber in seiner Dichtung Ausdruck verleihen konnte. Während er an der ersten Fassung der „Iphigenie auf Tauris" arbeitete, schrieb er am 6. März 1779 an Charlotte von Stein: „Hier will das Drama gar nicht fort, es ist verflucht, der König von Tauris soll reden als wenn kein Strumpfwirker in Apolda hungerte."

Aber die vielfältigen Staatsaufgaben boten ihm auch neue Anregungen und beförderten Interessen, denen er zuvor kaum hatte nachgehen können. Seine Aufgaben als Bergwerksinspektor umfassten ein Betätigungsfeld, das seinen Neigungen ganz besonders entsprach: die Beschäftigung mit den Naturwissenschaften im Allgemeinen und mit Mineralogie und Geologie im Besonderen. Goethe, der ebenso systematisch wie theoretisch dachte, entwickelte eigene Theorien zur Erdgeschichte. Im Granit sah er das „Urgestein", aus dem sich später durch Kristallisationsprozesse alle übrigen Gesteinsarten gebildet hätten – ein typischer Theorieansatz, den er ähnlich auch in der Botanik anwandte. Angeregt durch Begegnungen mit Gelehrten der Jenaer Universität, beschäftigte sich Goethe auch intensiv mit Anatomie, untersuchte den Knochenbau und vor allem den menschlichen Schädel. Auch hier beschäftigte ihn die Idee einer „Urform und Verwandtschaft aller Lebewesen" – ein zukunftsweisender Ansatz lange vor Darwins Forschungen.

Auch wenn Goethe die Naturwissenschaft als eine Art Rückzug aus dem

öffentlichen Leben betrieb, litt er zunehmend unter den Anforderungen des Tagesgeschäfts. Statt sich mit Literatur, mit Wissenschaft und Kunst zu beschäftigen, was er als seine eigentliche Bestimmung ansah, musste er sich um das marode Straßennetz, unerfreuliche Finanzfragen und – schlimmer noch – Rekrutenaushebungen kümmern. „Meine Schriftstellerey subordinirt sich dem Leben", schrieb er 1779 an seinen Freund Johann Christian Kestner. Und drei Jahre später bekannte er gegenüber Charlotte von Stein: „Wieviel wohler wäre mir's wenn ich von dem Streit der politischen Elemente abgesondert (...) den Wissenschaften und Künsten wozu ich gebohren bin, meinen Geist zu wenden könnte."

Das, was er zunächst als Chance und Aufgabe, als Herausforderung und Bestätigung begriffen hatte, wurde nun immer mehr zur Last. Spätestens seit Mitte der 80er Jahre des 18. Jahrhunderts spürte Goethe, dass es so mit ihm in Weimar nicht weitergehen konnte. Und da auch das Verhältnis zu Charlotte von Stein keine Vision mehr zu bieten vermochte, entschloss er sich zu einem radikalen Schritt. Die Art und Weise, wie der Mann, der in Weimar doch allgegenwärtig zu sein schien, die Residenz beinahe Hals über Kopf verließ, erweckt den Anschein einer Flucht. Am 3. September 1786 machte sich Goethe von Karlsbad aus, wo er sich zu einer Badereise aufgehalten hatte, überstürzt und inkognito auf den Weg nach Italien. Das „Land, wo die Zitronen blüh'n", war seit langem Goethes Sehnsuchtsziel. Jetzt sollte es ihm einen Neuanfang, eine neue Chance bieten. Nur per Brief bat er den herzoglichen Freund um Verständnis und unbefristeten Urlaub: „Ich gehe ganz allein, unter einem fremden Namen und hoffe von dieser etwas sonderbar scheinenden Unternehmung das beste." Damit war Goethes Weimarer Leben erst einmal beendet. Ob es eine Fortsetzung erfahren würde, erschien höchst ungewiss.

Die Verpflichtungen waren so vielfältig und belastend, dass Goethe erst einmal dringend Distanz zu den Weimarer Verhältnissen schaffen musste. Beinahe Hals über Kopf hatte er sich 1786 zu einer Reise nach Italien entschlossen. Für den Weimarer Minister, der zunächst inkognito reiste, wurde sie tatsächlich eine Art Befreiung. „Goethe in der Campagna" heißt dieses Gemälde von Johann Heinrich Tischbein im Städelmuseum in Frankfurt am Main. Es dürfte sich um die berühmteste der zahlreichen Goethe-Darstellungen handeln.

Ackerwand 25–27 heißt die Adresse dieses stattlichen Barockgebäudes, das Charlotte von Stein von 1777 bis zu ihrem Tod im Jahr 1827, also 50 Jahre lang, bewohnte. Es liegt nicht weit vom Frauenplan entfernt, doch schon wenige Jahre, nachdem Goethe dorthin gezogen war, kühlte die Beziehung zu Frau von Stein deutlich ab. Erst später fand man wieder mehr zueinander, auch wenn sich die alte Vertrautheit nicht wieder herstellen ließ. Heute befindet sich in dem Gebäude eine Außenstelle des Goethe-Instituts.

Christiane Vulpius (1765–1816), mit der Goethe von 1788 bis zu ihrem Tod zusammenlebte, war für den Weimarer Minister alles andere als eine standesgemäße Partnerin. Die Weimarer schüttelten entweder die Köpfe oder zerrissen sich die Mäuler, doch Goethe wusste sehr genau, was er an seiner Christiane hatte, die er 1806 schließlich heiratete.

Nach knapp zwei Jahren war Goethe am 18. Juni 1788 aus Italien nach Weimar zurückgekehrt. „Er ist magerer geworden und war zudem sehr von der Sonne gebrannt – ich erkannt' ihn also nicht einmal gleich", schrieb der Landkammerrat Johann Rudolf Riedel etwas verwundert in einem Brief. Und Caroline Herder befand, dass der Rückkehrer „gestärkt und befestigt in seinem ganzen Wesen" sei. Weimar hatte sich während Goethes Abwesenheit kaum verändert, doch er selbst war ganz offenbar ein anderer geworden. „Er ist sinnlich geworden", bemerkte Charlotte von Stein mit großer Missbilligung. Tatsächlich hatte Goethe in Italien zahlreiche neue Eindrücke und Einsichten gewonnen – Erfahrungen, für die sich

in Weimar allerdings kaum jemand zu interessieren schien. Seine wichtigsten Gesprächspartner – Carl August, Johann Gottfried Herder und Anna Amalia – hielten sich im Sommer 1788 meist außerhalb der Residenz auf, und Charlotte von Stein hatte Goethe seinen überstürzten Aufbruch noch immer nicht verziehen. Goethe fühlte sich recht einsam, in der richtigen Stimmung, um das schon vor Jahren begonnene Drama um den Renaissance-Dichter Torquato Tasso nun endlich zu vollenden. Überhaupt bedeutete die Rückkehr nach Weimar für Goethe auch eine Rückkehr zur Dichtung.

Eine glückliche Wendung in seinem Leben brachte – wie später noch zu berichten sein wird – die ebenso zufällige wie schicksalhafte Begegnung mit Christiane Vulpius (1765-1816). Die Weimarer waren schlicht entsetzt, dass es sich bei dieser Beziehung zwischen dem Minister und der Tochter eines stadtbekannten Säufers nicht um eine flüchtige Liaison handelte, sondern ganz offenbar um eine wirkliche und dauerhafte Liebe. Aber Goethe schätzte Christianes natürliche Liebenswürdigkeit, ihre Lebensklugheit und sicher auch die Tatsache, dass sie eben nicht ehrfurchtsvoll zu ihm aufblickte, sondern zur echten Partnerin wurde.

Dem Dichter, der sich nun anschickte, auch zum Familienmenschen zu werden, gelang es beim zweiten Anlauf sehr viel besser, sich mit den Weimarer Verhältnissen zu arrangieren. Nach wie vor und eigentlich immer stärker prägte er das geistige Leben der Residenz, unterhielt ein besonders enges Verhältnis zu Carl August, den er bei Kriegszügen und anderen Unternehmungen begleitete, und setzte auch seine naturwissenschaftlichen Forschungen fort. Aber statt sich wie in den ersten Weimarer Jahren als „Superminister" aufzureiben, verzichtete er im Einverständnis mit dem Herzog auf den größten Teil seiner

früheren administrativen Aufgaben. Nun konnte er sich im Wesentlichen auf das beschränken, was ihn wirklich interessierte – nämlich die Oberaufsicht über die wissenschaftlichen Institute der Jenaer Universität und die Leitung des neu gegründeten Weimarer Hoftheaters.

Hier konnte er ganz nach eigenem Gusto schalten und walten. Er war nicht nur Intendant und Chefdrama-turg, sondern fühlte sich für buchstäblich alles zuständig – und zwar 26 erfolgreiche Jahre lang (bis 1817). Mit seiner äußerst geschickten Spielplange-staltung kam er dem Unterhaltungsbe-dürfnis des Publikums nach, setzte aber zugleich höchst anspruchsvolle Akzen-te und brachte eigene Werke und die seines Dichterfreundes Schiller auf die Bühne, die bald als die renommierteste in Deutschland galt.

Auch wenn das alte Hoftheater längst nicht mehr steht, gehört es zu den Glücksfällen der Kulturgeschichte, dass trotz aller historischen Umbrüche und Verhängnisse des 19. und 20. Jahrhun-derts die meisten Schauplätze von Goe-thes langem Wirken in Weimar bis heu-te erhalten geblieben sind. Es sind Häu-ser, Schlösser und Parks, die mit seinem Leben verbunden waren und bis heute dazu einladen, dem Genius Loci jener kleinen Stadt nachzuspüren, die durch Goethe zu kulturellem Weltruhm gelangt ist.

Dieser um 1800 entstandene Holzstich zeigt das alte Hoftheater, das Goethe von 1791 bis 1817 leitete und zu einer der führenden Büh-nen in Deutschland machte. Er selbst erlebte noch, wie seine Wirkungsstätte 1825 einem Brand zum Opfer fiel. Das Nachfolgegebäude wur-de Anfang des 20. Jahr-hunderts abgerissen und durch das heutige Deutsche Nationaltheater ersetzt.

Ein knappes halbes Jahr nach Goethes Ankunft in Weimar schenkte der Herzog ihm „das alte Häusgen, vor dem Thore", ein Gartenhaus in dem damals noch kaum gestalteten Park am Stern. Es war im 16. Jahrhundert als Weinberghaus erbaut und später mehrfach verändert worden. Eigentlich war dieses Haus für den viel beschäftigten Newcomer nicht praktisch, denn es lag ein ganzes Stück außerhalb der Stadt. Andererseits verschaffte es ihm jedoch jene Ruhe und Distanz, die er sowohl für sein seelisches Gleichgewicht als auch für sein dichterisches Schaffen brauchte. Mit diesem Immobilienbesitz war das Weimarer Bürgerrecht verbunden. Von nun an war Weimar auch rechtlich Goethes ständiger Wohnsitz. Dass ihm die Stadt bald zur Heimat wurde, hat er auch diesem Haus zu verdanken, das er in ziemlich schlechtem Zustand übernahm. Doch er ließ es bald

renovieren und so gestalten, wie es seinen Bedürfnissen entsprach, nämlich vor allem zweckmäßig. Über sein erstes Haus schrieb Goethe 1776 die Verse:

*Übermütig sieht's nicht aus,*
*Hohes Dach und niedres Haus;*
*Allen die daselbst verkehrt,*
*Ward ein guter Mut bescheert.*
*Schlanke Bäume grüner Flor,*
*Selbstgepflanzter, wuchs empor.*
*Geistig ging zugleich alldort*
*Schaffen, Hegen, Wachsen fort.*

Und es verkehrten tatsächlich viele Menschen in diesem Haus, das mit seiner markanten Form heute zu den weltweit bekanntesten und am häufigsten abgebildeten Dichterhäusern zählt. „In Goethes Garten habe ich schon einmal Kaffee getrunken und von seinem Spargel gegessen, den er selbst gestochen und in seinem Ziehbrunnen gewaschen hatte", schrieb Charlotte von Stein 1776 und führt uns den Stadtmenschen Goethe damit als Hobbygärtner vor Augen. Begeistert fährt sie fort: „In Goethes

Garten ist die schönste Aussicht, die hier zu haben ist. Er liegt an einem Berg, und unten ist die Wiese, die von einem kleinen Fluss durchschlungen wird."

Für die Beziehung zu Charlotte von Stein sollten das Haus und der Garten besondere Bedeutung erlangen. Aber welcher Art war Goethes Beziehung zu der sieben Jahre älteren Mutter von sieben Kindern? Goethe hatte Anna Amalias Hofdame, die unglücklich mit dem herzoglichen Stallmeister Josias Freiherr von Stein verheiratet war, schon im November 1775, also kurz nach seiner

Das Gartenhaus am Stern war im 16. Jahrhundert als Weinberghaus erbaut worden. In seinen frühen Weimarer Jahren wurde das Gebäude, das ihm der Herzog 1776 geschenkt hatte, für Goethe zum Lebensmittelpunkt. Da es damals noch außerhalb der Stadt lag, fand er hier Distanz zum höfischen Leben und die nötige Ruhe zum Schreiben.

Ankunft in Weimar, kennen gelernt und sich über beide Ohren in sie verliebt. Doch da Charlotte stets auf Distanz hielt, kam es zu keiner körperlichen Beziehung. Dafür aber entwickelten sich zwischen den beiden ein geistiger Austausch und eine emotionale Vertrautheit von enormer Intensität und Intimität. Für Goethes Persönlichkeitsentwicklung der ersten zwölf Weimarer Jahre war Charlotte von Stein der zentrale Bezugspunkt. Mit der Italienreise und – vor allem – der Beziehung zu Christiane Vulpius setzte eine Entfremdung ein, die erst Jahrzehnte später von einer Altersfreundschaft abgelöst wurde. Die Briefe, die Charlotte dem Dichter geschrieben hatte, forderte sie alle zurück, um sie zu verbrennen.

Doch kehren wir ins Gartenhaus und damit in die frühen, noch ungetrübten Jahre der Freundschaft zwischen dem Dichter und der Hofdame zurück. Hier schrieb Goethe ihr Briefe, hier traf er sich mit ihr. Und schon 1782 versah er den gemeinsamen Lieblingsplatz im Garten mit der Inschrift:

*Hier im Stillen gedachte der*
*Liebende seiner Geliebten;*
*Heiter sprach er zu mir:*
*werde mir Zeuge, du Stein!*
*Doch erhebe dich nicht, Du hast*
*noch viele Gesellen;*
*Jedem Felsen der Flur, die mich,*
*den Glücklichen, nährt,*
*Jedem Baume des Walds, um den ich*
*wandernd mich schlinge:*
*Denkmal bleibe des Glücks! ruf ich*
*ihm weihend und froh.*
*Doch die Stimme verleih' ich nur dir,*
*wie unter der Menge*
*Einen die Muse sich wählt,*
*freundlich die Lippen ihm küsst.*

Am Ende eines Gartenweges ließ Goethe Anfang 1777 den „Stein des guten Glücks" aufstellen – ein Geburtstagsgeschenk für Frau von Stein voller symbolischer Bezüge. Auf einem wuchtigen Quader sitzt eine Kugel. Dieses Kunstwerk, das Goethe auch als „Altar der Agathe Tyche" bezeichnet hat, gilt als eines der ersten nicht-gegenständlichen Denkmäler in Deutschland. Agathe Tyche, die Göttin des Zufalls, wird durch die Kugel symbolisiert, die durch den Quader ein sicheres Fundament erhält. Gemeint ist damit die Beziehung des von jugendlicher Unrast geprägten Dichters zu seiner Seelenfreundin.

In dem Gartenhaus „draußen an der Ilm schönen Wiesen" hatte Goethe bis zum 2. Juni 1782 seinen ständigen

Heute wirkt das Gartenhaus so, als könnte Goethe jeden Moment zur Tür hereintreten. Mit großem Aufwand wurde es in den Jahren 1994/95 wieder so gestaltet, wie es etwa 1820 ausgesehen haben mag. Auf dem Sammlungsschrank, in dem Goethe seine Mineralien aufbewahrte, steht die Büste, die den Schriftsteller und Philosophen Friedrich Heinrich Jacobi darstellt. Im Hintergrund befindet sich eine Büste, die Johann Caspar Lavater (1741–1801) zeigt.

Wohnsitz. Allerdings verfügte er aus praktischen Gründen in dieser Zeit außerdem über Quartiere innerhalb der Stadtmauern, zunächst im Hof des Hauskassiers König direkt neben der Ruine des Schlosses, später im Fürstenhaus und danach – in direkter Nachbarschaft zum Haus der Frau von Stein – in der Seifengasse.

Den Haushalt ließ sich der Dichter und Minister von seinem Diener Philipp Friedrich Seidel führen, einem begabten jungen Mann aus einfachen Verhältnissen, der schon im Frankfurter Haus am Hirschgraben tätig gewesen war und Goethe nach Weimar begleitet hatte. Zwischen den beiden herrschte in den ersten Weimarer Jahren eine große Vertrautheit. Philipp, der mit seinem Herrn sogar das Schlafgemach teilte, kümmert sich nicht nur um häusliche Arbeiten, sondern erledigte auch die Korrespondenz, nahm Diktate auf und überwachte die Kasse – stets zu Goethes Zufriedenheit. Erst nach dessen Rückkehr aus Ita-

lien und mit Beginn seiner Beziehung zu Christiane Vulpius stellte sich eine immer größere Distanz zwischen den beiden ein, unter der Seidel bis zu seinem Tod im Jenaer Irrenhaus 1820 litt.

In seinem Gartenhaus suchte Goethe nicht nur Erholung von seinen vielfältigen dienstlichen Pflichten, hier fand er auch Muße zum Dichten. Im schlicht eingerichteten Arbeitszimmer, dessen angrenzende Bibliothek 6500 Bände umfasste, entstanden unter anderem „Wilhelm Meisters theatralische Sendung", Teile der „Iphigenie auf Tauris" und des „Torquato Tasso" sowie zahlreiche Gedichte. Aber Goethe zeichnete hier auch, entwarf Pläne für einen englischen Garten, ließ exotische Baumsetzlinge pflanzen, die er eigens aus Frankfurt hatte kommen lassen, und genoss es, ganz ohne die Zwänge der Hofetikette leben zu können.

Außer dem Herzog war nur sein Diener Seidel informiert, als Goethe im September 1786 Hals über Kopf nach Italien aufbrach. Als er fast zwei Jahre später nach Weimar zurückkehrte, zog er wieder in das vertraute Haus an der Ilm.

Dass sich die Atmosphäre hier bald gründlich änderte, lag an einer zufälligen Begegnung, zu der es knapp vier Wochen nach seiner Rückkehr kam. Als Goethe am 12. Juli 1788 im Park an der Ilm spazieren ging, trat ihm an der Naturbrücke, die das flache östliche Ufer mit dem ansteigenden Westufer des Parks verbindet, die Frau seines Lebens entgegen: Christiane Vulpius. Sie war keineswegs ein Blumenmädchen, wie oft behauptet, wohl aber eine Arbeiterin in Bertuchs Kunstblumenmanufaktur und überreichte dem hohen Staatsbeamten ein Bittgesuch

Natürlich verfügte Goethe in seinem Gartenhaus auch über eine Bibliothek, die noch heute besichtigt werden kann. Die rekonstruierten farbigen Wandbespannungen entsprechen dem Zustand des frühen 19. Jahrhunderts. Als Goethe 1776 hier einzog, ließ er das gesamte Gebäude im frühklassizistischen Stil umgestalten. Die Kosten dafür übernahm – selbstredend – Carl August.

ihres Bruders Christian August. Tatsächlich setzte sich Goethe für diesen umtriebigen und talentierten Trivialschriftsteller ein und verschaffte ihm einen ordentlich dotierten Bibliotheksposten. Christian August Vulpius avancierte mit seinem in viele europäische Sprachen übersetzten Abenteuer- und Schauerroman „Rinaldo Rinaldini, der Räuberhauptmann" zum erfolgreichsten Trivialautor seiner Zeit, während Christiane zu Goethes Geliebter und schließlich – nach 18 gemeinsamen Jahren – zu seiner Ehefrau wurde.

Für die unstandesgemäße Liaison, über die sich die Weimarer die Mäuler zerrissen, erwies sich die Abgeschiedenheit des Hauses an der Ilm als wahrer Glücksfall. Christiane zog hier bereits einige Wochen nach ihrem ersten Zusammentreffen ein, worüber vor allem Frau von Stein schlicht entsetzt

war. Doch Goethe war glücklich. Übermütig schrieb er an den Herzog:

*Indes macht draußen vor dem Tor,*
*Wo allerliebste Kätzchen blühen,*
*Durch alle zwölf Kategorien*
*Mir Amor seine Späße vor.*

Als Christiane ihr erstes Kind erwartete, schien das Haus offenbar nicht mehr geeignet zu sein. 1789 bezog die werdende „kleine Familie, die nicht eben eine heilige Familie" war, zwei Etagen in dem vom Herzog zur Verfügung gestellten Großen Jägerhaus an der Marienstraße unweit des Frauenplans. Auch nachdem man 1792 in das Haus am Frauenplan übergesiedelt war, gab Goethe sein Gartenhaus im Park an der Ilm nicht auf, sondern nutzte es gern immer dann, wenn es ihm in der Stadt zu unruhig wurde.

Verblüfft stellten Weimar-Besucher 1999, als die Klassikerstadt als europäische Kulturhauptstadt gefeiert wurde, eine Verdopplung des Dichterhauses fest: Für anderthalb Millionen Mark, die vom Deutschen Sparkassen- und Giroverband gestiftet wurden, hatte das

Original eine Dublette bekommen. „Die Fälschung der Goethewelt" sei nahezu perfekt gelungen, urteilte die Tageszeitung „Die Welt" und führte die Historikerin Renate Müller-Krumbach ins Feld. Die Goethe-Spezialistin meinte, nur am Geruch und an der Aussicht sei auf die Schnelle auszumachen, ob das Haus authentisch oder ein Bluff sei. Das Duplikat ist heute eine gern besuchte Touristenattraktion in dem nordwestlich von Weimar gelegenen Solekurort Bad Sulza, während sich das Original nach einer gründlichen Restaurierung den Besuchern im Zustand von etwa 1820 präsentiert.

In den ersten Jahren teilte Goethe das Schlafzimmer mit seinem Diener Philipp Friedrich Seidel, den er aus Frankfurt mitgebracht hatte. Seidel führte ihm nicht nur den Haushalt, sondern erledigte auch einen Teil der Korrespondenz und kümmerte sich um die Bezahlung offener Rechnungen. Erst nach der Italienreise kam es zu einer Entfremdung zwischen Dichter und Diener.

Idylle pur, und doch dicht
am Geschehen: Dieser Blick
auf Goethes Gartenhaus
macht die Vorzüge seines
ersten Weimarer Wohnsitzes
deutlich. Hier, in der Umgebung des wunderbaren
Parks an der Ilm, der damals
allerdings erst nach und nach
angelegt wurde, fand Goethe
die Ruhe, die er zur Er-
holung und zum Dichten
brauchte. Musste er aber in
die Stadt, war dies mit einem
kurzen Spaziergang möglich.

Das Erdsälchen im Garten-
haus im Park an der Ilm
zeigt, dass das Gebäude groß
genug war, um auch Gäste
zu empfangen. Heute be-
suchen das berühmte Haus
literaturgeschichtlich Interessierte aus aller Welt, die
hier viel über Goethes
Weimarer Anfangszeit, über
seine Aufenthalte, aber auch
über die weitere Geschichte
des Gebäudes erfahren
können.

Bei der Zimmerplanung leg-
te Goethe Wert auf
Zweckmäßigkeit: Direkt
neben der Bibliothek befand
sich sein Arbeitszimmer.
Hier entstanden wichtige
Werke wie „Wilhelm Meis-
ters theatralische Sendung",
Teile der „Iphigenie auf
Tauris" und des „Torquato
Tasso", aber auch viele
Gedichte.

Er steht am Ende eines Gartenwegs und ist das Monument einer tiefen Zuneigung: Im Jahr 1777 ließ Goethe zum Geburtstag von Charlotte von Stein den „Stein des guten Glücks" aufstellen. Die Skulptur, die aus einem wuchtigen Quader mit einer Kugel besteht, nannte Goethe in Anspielung auf die Göttin des Zufalls auch „Altar der Agathe Tyche".

Das Haus am Frauenplan ist Deutschlands berühmteste Dichterstätte, eine Adresse der Weltliteratur. Das war schon zu Goethes Lebzeiten nicht anders.

Wäre nicht nur das Werk, sondern auch der Dichter selbst unsterblich, könnte er sich noch heute in seinem Wohnhaus am Frauenplan gut zurechtfinden. Sicher würde er mit Verwunderung, gelegentlich wohl auch mit Missbilligung, die eine oder andere Veränderung registrieren, aber den Weg zu seiner Bibliothek und dem benachbarten, zum Garten hin gelegenen Arbeitszimmer und der daneben liegenden Schlafstube könnte er mühelos finden. Nichts oder zumindest fast nichts wurde hier seit dem 22. März 1832 verändert. Der Sessel, in dem Goethe an jenem Frühlingstag starb, steht noch an seinem Platz, und wer den Genius Loci sucht, wird ihn spätestens hier finden.

Für Weimarer Verhältnisse galt das Haus am Frauenplan als äußerst repräsentativ. Das stattliche Barockgebäude stammt aus dem Jahr 1709, wurde aber später mehrfach erheblich umgebaut. Dieser Stich nach einer Zeichnung von Otto Wagner, der auf das Jahr 1827 datiert ist, zeigt das Wohnhaus des Dichters bereits als eine Weimarer Sehenswürdigkeit.

Da der Dichter, der zugleich als Minister amtierte, dem kleinen Herzogtum zu immer größerem Ruhm verhalf, brauchte er natürlich – darüber war sich Carl August durchaus im Klaren – ein Domizil, das diesem Anspruch gerecht wurde. Es musste schon eine Art Residenz sein, in der Goethe nicht nur seine vielfältigen Aufgaben erledigen und seinen weit gefächerten Interessen nachgehen konnte. Ein Haus, das Platz genug bot zum Dichten und Korrespondieren und in dem es sich außerdem noch komfortabel wohnen und „Hof halten" ließ. Denn Gesellschaften zu geben und die immer zahlreicher anreisenden auswärtigen Gäste und Bewunderer zu empfangen gehörte ebenfalls zu Goethes Alltagspflichten.

Dafür war das Gartenhaus im Park an der Ilm, das der Dichter ja bewusst als intimes Refugium betrachtete, nicht geeignet. Und schon gar nicht die Wohnung im Großen Jägerhaus, in die er im November 1789 mit Christiane gezogen war. Einen Monat später, am 25. Dezember, kam hier der gemeinsame Sohn August zur Welt.

Schon 1782 hatte Goethe eine eher bescheidene Wohnung in einem Haus am Frauenplan gemietet. Das stattliche Barockgebäude aus dem Jahre 1709 war für Weimarer Verhältnisse äußerst repräsentativ. Besitzer war der Konsistorialrat Paul Johann Friedrich Helmershausen, der das Anwesen im Mai 1792 für 6000 Meißnerische Gulden an den Herzog verkaufte. Dieser übergab seinem Dichterfreund das Anwesen zur

Nutzung und schenkte es ihm zwei Jahre später. Insgesamt fast 50 Jahre hat Goethe in dem Haus am Frauenplan gewohnt und hier sowohl glückliche als auch tragische Zeiten durchlebt.

Bevor Goethe mit Christiane Vulpius und dem gemeinsamen Sohn August 1792 in das Haus am Frauenplan einzog, waren umfangreiche Renovierungs- und Umbauarbeiten erledigt worden, durch die das zwar repräsentative, aber eben doch schon fast 90 Jahre alte Haus gemäß den Vorstellungen seiner neuen Bewohner umgestaltet wurde. Goethe, der sich zu dieser Zeit mit seinem Herzog auf einem Feldzug in Frankreich befand, hatte präzise Anweisungen gegeben und sogar Entwurfszeichnungen – zum Beispiel für den neu gestalteten Treppenaufgang – geliefert. „Gott zum Ruhm und der Stadt zum Schmuck ist dieses Haus Anno 1709 erbaut worden", verkündet bis heute die lateinische Inschrift über der Eingangstür. Architekt war vermutlich Johann Mützel, der auch die Kreuzkirche in Eisenach, das Gelbe Schloss in Weimar und den älteren Teil des Schlosses Ettersburg erbaut hat.

Auf diesem Aquarell von Heinrich Meyer ist Christiane Vulpius mit dem damals gerade zwei Jahre alten Sohn August zu sehen. Goethe sprach scherzhaft von seiner „kleinen Familie, die nicht eben eine heilige Familie" war.

Die Zeilen, die Goethe dem neuen Zuhause widmete, zeugen von Zufriedenheit und Zuversicht:

*Hier sind wir denn vorerst*
*ganz still zu Haus,*
*Von Tür zu Türe sieht es lieblich aus;*
*Der Künstler froh die stillen*
*Blicke hegt,*
*Wo Leben sich zum Leben*
*freundlich regt,*
*Und wie wir auch durch fremde*
*Lande ziehn,*
*Da kommt es her,*
*da kehrt es wieder hin;*
*Wir wenden uns, wie auch*
*die Welt entzücke,*
*Der Enge zu, die uns allein beglücke.*

Trotz der komfortablen Bedingungen wurde das Leben im neuen Haus von dem Dünkel der Weimarer Hofgesellschaft überschattet. Denn jene, die im

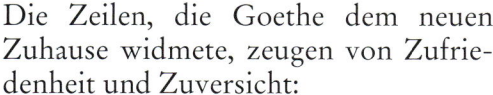

Der berühmte Willkommensgruß „Salve" auf der Türschwelle begrüßt bis heute die zahlreichen Besucher in Goethes Wohnhaus am Frauenplan.

Weimarer Zwergstaat über Rang und Namen verfügten und die an Goethe ohnehin den adeligen Stallgeruch vermissten, verübelten ihm die unstandesgemäße Beziehung zu Christiane, die nun sogar vornehmer residieren durfte als manche der alteingesessenen Honoratioren. Goethe wusste freilich sehr genau, was er an seiner geliebten Christiane hatte, die das große Haus bravourös führte, ihm den Rücken freihielt und einmal sogar das Leben rettete. Es war im Oktober 1806: Von Jena und Auerstedt drang der Kanonendonner bis in die Residenz, die von betrunkenen französischen Plünderern heimgesucht wurde. Bevor Napoleons Soldaten Goethe, von dem sie natürlich noch nie etwas gehört hatten, zu nahe treten konnten, stellte sich ihnen die couragierte Christiane mutig in den Weg, rettete ihren Mann und verschaffte sich damit großen Respekt. Kurz darauf führte der Dichter sie in der Sakristei der Jakobskirche – endlich, könnte man sagen – zum Traualtar.

Aber wie empfängt Deutschlands berühmtestes Dichterhaus heute seine Besucher aus aller Welt? Es besteht inzwischen aus zwei Teilen, dem historischen und dem musealen, was auch in der offiziellen Bezeichnung „Goethes Wohnhaus und Nationalmuseum" zum Ausdruck kommt.

Im Erdgeschoss, wo sich neben Kasse und Garderobe auch ein Museumsshop befindet, erhalten die Besucher einen Audioguide, der individuelle Führun-

gen durch die historischen Räume möglich macht. Der berühmte Schriftzug „Salve" begrüßt bis heute jeden Besucher, der die Treppe der Eingangshalle hinaufsteigt und die Schwelle überschreitet. Das Treppenhaus, aber auch das Brückenzimmer sind klassizistische Umbauten innerhalb des etwas verschachtelt wirkenden barocken Gebäudes, in dem die repräsentativen von den privaten Bereichen klar getrennt waren. Alle Räume sind mit jenen Dingen ausgestattet, die Goethe im Laufe von Jahrzehnten selbst erworben hat: Statuetten und andere Plastiken, Gemälde, Majoliken, Möbel und natürlich die vielen speziell angefertigten Sammlungsschränke, die zur Aufbewahrung von Zeichnungen, Graphiken und Autographen sowie von Münzen, Gemmen, Steinen, Pflanzen und anderen Naturalien dienten.

Innerhalb der zur Straßenseite hin gelegenen Zimmerflucht bildet das Junozimmer den wohl beeindruckendsten Raum. Seit 1823 steht hier zwischen der Durchgangstür und dem straßenseiti-

In dem Flügel, der zum Frauenplan hin gelegen ist, reiht sich in einer langen Flucht Zimmer an Zimmer. Während die Gesellschafts-, Empfangs- und Sammlungsräume im Vorderhaus untergebracht sind, befinden sich die privaten Räume, das Arbeitszimmer und die Bibliothek im hinteren Flügel des Gebäudes.

gen Fenster die Kolossalbüste der Juno Ludovisi. In ihrer Größe und marmorweißen Makellosigkeit Ehrfurcht erregend, verleiht dieser Abguss eines Kunstwerks aus dem 1. Jahrhundert, bei dem es sich um das Porträt einer römischen Kaisertochter handeln soll, dem Raum eine ganz besondere Aura. Gegenüber steht ein Flügel, auf dem zu Goethes Lebzeiten häufig musiziert wurde. Berühmte Pianisten und Komponisten wie Clara Wieck (die spätere Frau von Robert Schumann) und Felix Mendelssohn Bartholdy haben darauf gespielt. Der junge Mendelssohn, der durch Vermittlung von Karl Friedrich Zelter bei Goethe eingeführt wurde, berichtete über seine Aufenthalte im Junozimmer: „Vormittags muss ich ihm ein Stündchen Klavier vorspielen und von allen verschiedenen großen Komponisten nach der Zeitfolge und muss

ihm erzählen, wie sie die Sache weitergebracht hätten, und dazu sitzt er in einer dunklen Ecke wie ein Jupiter tonans und blitzt mit den alten Augen." Mendelssohn war nur einer von unendlich vielen mehr oder minder prominenten, vielfach heute längst vergessenen Besuchern, die Goethe im Lauf der Jahrzehnte am Frauenplan empfangen hat. Der Rummel, den seine Prominenz nach sich zog, und die Tatsache, dass er schon bald als eine, nein, sogar als *die* lebendige Sehenswürdigkeit Weimars galt, hat den Dichter mitunter schon genervt. Man kann sich gut vorstellen, wie betuchte Bildungstouristen zum Frauenplan pilgerten, das Haus anstarrten und hofften, einen Blick auf Goethe zu erhaschen.

*Was stehen sie davor?*
*Ist nicht Türe da und Tor?*
*Kämen sie getrost herein,*
*Würden wohl empfangen sein.*

Mit diesem Vierzeiler hat Goethe die Situation allerdings ein wenig zu ideal dargestellt. Denn es gibt zahllose Zeugnisse von Besuchern, die keineswegs

„wohl empfangen", sondern ziemlich unwirsch abgefertigt wurden, wofür man aber angesichts des Andrangs Verständnis haben kann.
Während einige Räume, wie zum Beispiel das Wohnzimmer, das Nähzimmer und Christianes Küche, rekonstruiert wurden, sind Goethes Bibliothek, sein Arbeitszimmer und die Schlafstube von den Erben pietätvoll in ihrem ursprünglichen Zustand erhalten worden. Heutige Besucher können sich daher sehr gut vorstellen, wie Goethe

Es gehört zu den Glücksfällen der Kulturgeschichte, dass das Goethehaus zu einem großen Teil im Originalzustand erhalten ist. Noch heute können die Besucher die Atmosphäre dieses Schauplatzes der Weltliteratur ziemlich genau so erleben, wie sie zu Goethes Lebzeiten gewesen sein mag. Die Büsten, Gemälde, Möbel und Sammlungsschränke, die Goethe selbst für die jeweiligen Räume ausgesucht hat, sind noch zu sehen.

seine Tage hier verbracht hat: Für gewöhnlich stand er morgens um sechs Uhr auf, um seinem zwangsläufig auch zum Frühaufstehen gezwungenen Sekretär stundenlang zu diktieren. Und da kam einiges zusammen, denn immerhin verfasste der Dichter hier „Wilhelm Meister", „Die Wahlverwandtschaften", sein Erinnerungswerk „Dichtung und Wahrheit", den „Faust" sowie Gedichte, wissenschaftliche Schriften und eine kaum überschaubare Korrespondenz. Unterbrochen wurde die Arbeit durch das Frühstück, Besucher empfing der Hausherr erst später am Tag. Mitunter speiste man gemeinsam, doch danach verschwand der Dichter samt Sekretär wieder für mehrere Stunden im stillen Arbeitszimmer. Zeit zum Lesen nahm sich Goethe an den Abenden, die er aber auch oft in Gesellschaft verbrachte.

Der Erholung diente auch der von Christiane mit viel Geschick angelegte und gepflegte Hausgarten, den man durch den hinteren Ausgang betreten kann. Es ist ein idyllisches Refugium, in dem der Hausherr auch botanische Studien betrieb und seiner Idee von der Urpflanze nachhing: Die Metamorphose der Pflanze, den ewigen Kreislauf der Natur, den Goethe in die Formel „Stirb und werde" fasste – hier hatte er ihn ständig vor Augen. Im Garten steht auch jener hübsche Pavillon, in dem der Hausherr seine aus 18 000 Einzelstücken bestehende mineralogische Sammlung untergebracht hat.

Nicht nur der historische, auch der moderne Teil des Gebäudeensembles grenzt an den Garten. Das Goethe-Nationalmuseum wurde 1913 direkt neben dem schon seit 1886 öffentlich zugänglichen Wohnhaus erbaut. Bereits 1935 erstmals umgestaltet, wurde das Gebäude, das sich seit 1991 in der Trägerschaft der Stiftung Weimarer Klassik befindet, von 1996 bis 1999 nochmals erweitert und rekonstruiert. Heute zeigt das Museum eine didaktisch hervorragend aufbereitete Ausstellung zu

den einzelnen Lebensstationen des Dichters, seinem persönlichen Umfeld, seinem Verhältnis zu Zeitgenossen, seinem dichterischen Werk und dessen Nachwirkungen, aber auch zu seiner Tätigkeit als Beamter und als Naturwissenschaftler. Außerdem präsentiert das Museum, das auch über einen neu erbauten Vortragssaal für 80 Personen verfügt, Goethes umfangreiche Kunstsammlung.

Ein mit marmoriertem Papier beklebter Pappkasten, ein Handleuchter aus Messing, Tintenfass und Streusanddose: Die Atmosphäre in Goethes Arbeitszimmer scheint noch heute so wie zu seinen Lebzeiten zu sein.

Goethes Wohnhaus am Frauenplan ist dank seiner markanten Bauform leicht zu erkennen. Es ist die erste Adresse für Literaturliebhaber, eine der weltweit am meisten besuchten Dichterstätten. In direkter Verbindung mit dem historischen Gebäude befindet sich das 1913 erbaute Goethe-Nationalmuseum.

Das Junozimmer mit
einem Abguss der Kolossal-
statue der Juno Ludovisi
gehört zu den Gesellschafts-
räumen im Vorderhaus. Hier
fanden Festlichkeiten, aber
auch musikalische Dar-
bietungen statt. Berühmte
Pianisten und Komponisten
wie Clara Wieck, Felix
Mendelssohn Bartholdy und
Carl Friedrich Zelter haben
hier für den Hausherrn
musiziert.

Von seinem Arbeitszimmer im Hinterhaus hatte Goethe es nicht weit: Er lief durch das „runde Treppenhaus" und erreichte schnell das Urbinozimmer, in dem er gern Gäste empfing. Die Empiremöbel, mit denen das Zimmer heute ausgestattet ist, befanden sich ursprünglich in der Mansarde, die Goethes Sohn August mit seiner Familie bewohnte.

Dieser Raum beeindruckt die Besucher des Goethehauses am meisten: Das Arbeitszimmer liegt im hinteren, dem Garten zugewandten und von allen öffentlichen Besuchern und Belästigungen abgeschirmten Bereich. Die Einrichtung ist nicht repräsentativ, sondern zweckmäßig. Schreibzeug, die Bücher einer Handbibliothek, naturwissenschaftliche Schaustücke, wenige Möbel – nichts wurde hier verändert. Das Zimmer befindet sich heute noch in dem Zustand wie zu Goethes Zeiten.

Gleich neben dem Arbeits-
zimmer befindet sich
Goethes Bibliothek – eine
beeindruckende Bücher-
sammlung, die für seine
dichterische wie wissen-
schaftliche Arbeit unver-
zichtbar war. Sie umfasst
etwa 7000 Bände. Heutige
Besucher können sie, wie
auch das Arbeitszimmer,
zwar nicht betreten, aber
zumindest vom Gang aus
einen Blick hineinwerfen.
Goethe standen allerdings
auch die Herzogliche Bibliothek und weitere Bücher-
sammlungen zur Verfügung.

Der Garten hinter dem Haus wurde von Goethe geschätzt, von Christiane aber gestaltet. Hier fand der Dichter nicht nur Entspannung und Muße, sondern auch Objekte, die er für seine botanischen Beobachtungen und Forschungen nutzen konnte.

Es ist schon eine erstaunliche Frau, die da in der Mitte sitzt – und zweifellos auch die geistige Mitte dieser Gesellschaft ist, die sie um sich versammelt hat: Auf dem Aquarell, das Georg Melchior Kraus um 1795 von der Tafelrunde der Anna Amalia gemalt hat, sind links von der Herzogin Johann Heinrich Meyer, Henriette von Fritsch, Goethe und Friedrich Hildebrandt Freiherr von Einsiedel zu sehen sowie rechts Eliza Gore, Charles Gore, Emily Gore, Luise von Göchhausen und – ganz rechts mit etwas entrücktem Blick – Johann Gottfried Herder.

Der „Musenhof", den Anna Amalia in Weimar etabliert hatte, war eine Gesellschaft geistvoller Persönlichkeiten, die der Residenz einen kulturellen Anspruch verschafften, der in keinem Verhältnis zu ihrer Größe und politischen Bedeutung stand. Die hoch gebildete Herzogin, der die Förderung der Künste tatsächlich eine Herzensangelegenheit war, hatte Wieland und Knebel als Erzieher ihrer Söhne nach Weimar geholt, Goethe willkommen geheißen und zum Bleiben animiert. Und auch sonst übte sie eine beträchtliche Anziehungskraft auf Dichter, Philosophen, Theologen, Übersetzer, Verleger und andere gebildete Persönlichkeiten ihrer Zeit aus. Der Märchendichter Carl August Musäus gehörte ebenso zum engeren Kreis wie der Verleger und

Ursprünglich war es das Haus eines Weimarer Ministers: Von 1767 bis 1769 hatte sich Freiherr von Fritsch dieses respektable Barockgebäude errichten lassen. Doch schon 1775 erwarb der Hof das Gebäude, um es als „Wittums-Sitz" für die verwitwete Herzogin Anna Amalia zu nutzen.

Geschäftsmann Bertuch oder die in literarischen Fragen hoch gebildeten Kammerherren von Seckendorff und Einsiedel.

36 Jahre alt war die Herzogin, als sie 1775 ihrem damals gerade volljährigen Sohn Carl August die Regierungsgeschäfte übertrug. Als Witwensitz bezog die durch den Schlossbrand ihres eigentlichen Zuhauses beraubte Herzogin zur selben Zeit das Wittumspalais, das ihr Minister Jakob Friedrich Freiherr von Fritsch acht Jahre zuvor von dem sächsischen Landbaumeister Johann Gottfried Schlegel am Ende der Grünen Esplanade hatte erbauen lassen. Diese Stadtwohnung, in der Anna Amalia über 30 Jahre lang lebte, wurde fortan zum geistigen Mittelpunkt der Weimarer Gesellschaft. In dem Palais, das der Leipziger Maler Adam Friedrich Oeser nach dem Geschmack der Hausherrin ausgestaltete, traf sich regelmäßig die berühmte Tafelrunde. Der Versammlungsort dieser illustren Gesellschaft, das Tafelrundenzimmer, wirkt bis heute so unverändert, als ob die Herzogin und ihre Gäste jeden Moment wieder zur Tür hereintreten könnten.

Um die Atmosphäre jener Zeit zu erahnen, lohnt es sich noch einmal, einen Blick auf das Kraus-Aquarell zu werfen. Ganz offenbar ging es in den Tafelrunden, in den Freitagsgesellschaften, die Goethe im Jahr 1791 anlässlich des

Geburtstags der Herzogin initiiert hatte, oder den Freundschaftstagen des Fräuleins von Göchhausen, die als Kammerfrau der Herzogin die Mansarde bewohnte, nicht steif und getragen zu, sondern lebhaft und oft auch übermütig. Man trank Schokolade oder Kaffee, auf dem Tisch, der im Original noch heute an seinem Platz steht, lagen aufgeschlagene Bücher, aus denen rezitiert, über die aber auch diskutiert wurde.

Die Herzogin habe sich sehr „im Umgang mit geistreichen Personen" gefallen, hat Goethe notiert. Und wie stand es um das persönliche Verhältnis

Auf diesem berühmten Aquarell von Georg Melchior Kraus aus dem Jahr 1795 ist Anna Amalias „Musenhof" versammelt. Zur Abendgesellschaft haben sich (von links aus gesehen) der Kunstkenner Johann Heinrich Meyer, Henriette von Fritsch, Goethe, der Kammerherr Friedrich Hildebrandt Freiherr von Einsiedel, Herzogin Anna Amalia, Eliza, Charles und Emily Gore (ein englischer Kaufmann und seine beiden Töchter), Luise von Göchhausen sowie Johann Gottfried Herder eingefunden.

zwischen dem Dichter und der etwa zehn Jahre älteren Herzogin? Dass man sich gegenseitig sympathisch fand, steht außer Zweifel und lässt sich gut belegen. Etwas anders sieht es bei einer Geschichte aus, mit der der deutsch-italienische Jurist und Goethe-Forscher Ettore Ghibellino 2003 in Weimar und nicht nur dort für erhebliche Aufregung sorgte: Ghibellino behauptet nämlich, dass es eine Liaison zwischen dem Dichter und der Herzogin gegeben habe. Schlimmer noch: Die Briefe, die Goethe an Charlotte von Stein schrieb, hätten in Wahrheit gar nicht ihr, sondern Anna Amalia gegolten. Behauptet wurde über Goethe und sein Verhältnis zu Frauen schon manches, aber der deutsch-italienische Goethe-Forscher führt als Beleg seiner These Briefe an, die erst kürzlich aufgetaucht sind. Darin äußert sich Friederike Karoline Gräfin von Görtz zu Schlitz, bei der es sich freilich um ein stadtbekanntes Weimarer Klatschmaul handelte, gegenüber

ihrem Mann freimütig über Goethes Liebschaft zu Anna Amalia. Frau von Stein dagegen würde „die ihr zugewiesene Rolle gut spielen". Sie sei nur eine Art „Strohfrau", die die Öffentlichkeit über das wahre Verhältnis zu täuschen habe. Die Briefe, meint Ghibellino, könnten schon deshalb nicht an Frau von Stein gerichtet sein, weil sie teilweise in Italienisch und Latein abgefasst waren – Sprachen, die Charlotte nicht, Anna Amalia jedoch sehr wohl beherrschte. 1786 hätte Goethe eine Aufdeckung der Liaison befürchtet und sei vor allem deshalb so plötzlich nach Italien aufgebrochen. Was immer auch an der Geschichte sein mag, wirkliche Beweise bleibt Ghibellino schuldig. Immerhin gibt es einen vieldeutigen Satz des hochbetagten Goethe, der Raum für manche Spekulation lässt: „Die wahre Geschichte der ersten zehn Jahre meines Weimarischen Lebens würde die Welt nimmermehr glauben."

Nachdem Anna Amalia und auch ihre Mitbewohnerin Luise von Göchhausen 1807 gestorben waren, residierte niemand mehr im Wittumspalais, sieht man von Gästen des Hofes ab, die gelegentlich hier untergebracht wurden. Obwohl der Landtag und auch die Freimaurerloge „Anna Amalia zu den drei Rosen" das Gebäude nutzten, verfiel es mehr und mehr. Erst in den 70er Jahren des 19. Jahrhunderts wurde man sich wieder der besonderen geistesge-

schichtlichen Bedeutung des Palais bewusst. Großherzog Carl Alexander, der Urenkel der Herzogin, ließ es instand setzen, in Anna Amalias Stil einrichten und als Museum eröffnen. Im Februar 1945 beschädigten Bomben das historische Gebäude, das vier Jahre später wieder eröffnet und später komplett restauriert wurde. Heute sind Anna Amalias Wohn- und Gesellschaftszimmer zugänglich, darunter natürlich auch das Tafelrundenzimmer. An die Bewohner des Hauses und die Teilnehmer der Tafelrunden erinnern einige Büsten und Silhouetten. Außerdem vermittelt eine Ausstellung mit Möbeln, Bildern und anderen Einrichtungsgegenständen einen Eindruck von der Wohnkultur des höfischen Adels im klassischen Weimar.

Der gleiche Schauplatz heute: Das Tafelrundenzimmer im Wittumspalais, in dem die Weimarer Intellektuellen und Künstler mit Herzogin Anna Amalia und weiteren Angehörigen des Hofs beisammen saßen, um zu diskutieren, zu rezitieren und zu dinieren, sieht noch immer so aus wie im späten 18. Jahrhundert.

Das Schlafzimmer der Herzogin, die das Wittumspalais über 30 Jahre lang bewohnte. In einem Mansardenzimmer wohnte ihre Hofdame Luise von Göchhausen, die – wie die Herzogin – im Jahr 1807 starb.

Da das Schloss im Jahr
1774 einem Brand zum
Opfer gefallen war, musste
das Wittumspalais in stärke-
rem Maße repräsentative
Zwecke erfüllen. Dafür bot
der Festsaal einen durchaus
glanzvollen Rahmen.

„Den Bau des Garten Hauses übergebe ich Dir ganz", schrieb Carl August am 27. Dezember 1792 aus Frankfurt, wo er sich für einige Zeit aufhielt, an seinen besten Mann in Weimar. In dem Brief ermuntert der Großherzog Goethe ausdrücklich, seinen eigenen Vorstellungen zu folgen: „Tue, als wenn Du für Dich bautest; unsere Bedürfnisse waren immer so ähnlich", heißt es am Schluss dieser schriftlichen Auftragsvergabe, die zugleich eine tiefe Sympathieerklärung beinhaltet.

Goethe, der den Park an der Ilm gemeinsam mit seinem Herzog gestaltete und mit seinem Gartenhaus selbst ein Domizil dort besaß, empfand die Realisierung des fürstlichen Gartenhauses als eine besonders reizvolle Aufgabe. Vier Jahre lag seine Italienreise nun zurück, die Erinnerung daran war noch leben-

Wie harmonisch sich das von 1792 bis 1797 erbaute Römische Haus in den Park an der Ilm einfügt, zeigt dieser nach einer Zeichnung von Georg Melchior Kraus angefertigte Stich aus dem Jahr 1799. Im Vordergrund ist die Wiesenbrücke zu sehen.

dig, und hier bot sich ihm nun die Chance, ein kleines Stück Italien mitten in Weimar zu schaffen.

Die Grundsteinlegung war schon im März 1792 erfolgt, für die Architektur zeichnete der Hamburger Johann August Arens verantwortlich. Das war gewiss kein Zufall, denn Goethe war Arens bereits in Rom begegnet, wusste also, dass dieser die antiken Stätten und die Bauwerke der italienischen Renaissance nicht nur aus Büchern kannte. Außerdem hatte sich Arens um die Wiederherstellung der durch einen Brand zerstörten Residenz verdient gemacht. Gemeinsam entwarfen sie ein Haus, in dem Antike und Klassizismus auf raffinierte Weise vereint wurden. Der kompakte Unterbau des senkrecht zum Hang stehenden Bauwerks war bewusst so gestaltet, dass er wie der Rest eines antiken Bauwerks anmutet. Das Eingangsportal mit seinen vier ionischen Säulen und seinem figurenreichen Giebelrelief verleiht dem Gebäude ein klassizistisches Gepräge – ist also für die damalige Zeit hochmodern. Das von Johann Peter Kaufmann geschaffene Stuckrelief im Giebel zeigt in einer allegorischen Darstellung einen geflügelten Genius, der die Kunst und Wissenschaft, den Ackerbau und die Gartenkunst schützt. In das abfallende Terrain hineingebaut, öffnet sich der Sockel zum Tal hin in einen dorischen Säulengang. Auch die zwischen den Säulen stehende steinerne Wanne soll

dem Betrachter den Eindruck vermitteln, hier handle es sich um Relikte aus längst vergangener Zeit. Die Entwürfe für die Innengestaltung stammen teilweise von dem Dresdner Architekten Christian Friedrich Schuricht, der auch das Neue Palais in der an der Elbe gelegenen Pillnitzer Schlossanlage schuf. Natürlich waren auch zahlreiche Weimarer Künstler an der Ausgestaltung des Römischen Hauses beteiligt, das im Inneren über einen Saal verfügt, der von einer Kuppel überwölbt wird.

Carl August hat es jedenfalls nicht bereut, Goethe mit der Planung des Hauses betraut zu haben, das er nach immerhin fünfjähriger Bauzeit 1797 beziehen konnte. Mit dem Resultat war er hoch zufrieden, das Römische Haus gehörte fortan zu jenen Orten, an denen er sich besonders gern aufhielt. Überliefert ist eine besondere Begegnung zwischen den beiden, die Goethe unter dem Datum des 3. September 1825 folgendermaßen im Tagebuch vermerkte: „Früh 6 Uhr zu Serenissimo in's Römische Haus". Was den Dichter in aller Herrgottsfrühe zu seinem Fürsten trieb, erfahren wir ausführlicher in einer Schilderung des Kanzlers Heinrich von Müller: An Carl Augusts 68. Geburtstag wurde zugleich das 50-jährige Jubiläum seines Regierungsantritts gefeiert. Zu diesem Anlass wollte Goethe, für den dieses Datum ja gleichfalls sehr bedeutsam war, „unter den ersten und nächsten Personen" der erste Gratulant sein. Der Herzog reichte ihm beide Hände und Goethe war so ergriffen, dass ihm vor Rührung zunächst die Worte fehlten.

Drei Jahre später wurde der Herzog, der am 14. Juni 1828 auf der Rückreise von Berlin in Schloss Gaditz bei Torgau völlig unerwartet gestorben war, im Römischen Haus aufgebahrt, bevor seine sterblichen Überreste zur Trauerfeier in die Hofkirche und anschließend

Nach Carl Augusts Tod wurde das Römische Haus nur noch selten bewohnt. 1922 ging es in den Besitz des Landes Thüringen über. Nach umfangreichen Rekonstruktions- und Restaurierungsarbeiten wurde es 1999 wieder eröffnet. Besucher können unter anderem das Vestibül, den Blauen Salon und das Schlafzimmer des Herzogs besichtigen. Im Erd- und Untergeschoss informiert eine Ausstellung über die Geschichte des Hauses und des Parks.

Neben dem Vestibül, dem Arbeits- und dem Schlafzimmer des Herzogs gehört der Blaue Salon zu den historischen Räumen, die besichtigt werden können. Nach einer umfangreichen Restaurierung wurde das Römische Haus im Mai 1999 für Besucher wieder geöffnet.

Die Säulenhalle und der Brunnen sind Reminiszenzen an italienische Bauten: Das Römische Haus, das Goethe im Auftrag von Carl August weitgehend nach eigenen Vorstellungen gestalten konnte, war mit seiner klassizistischen Architektur hochmodern. Es erinnert an ein italienisches Landhaus der Renaissance, das auf antiken Überresten erbaut wurde.

zur Beisetzung in die Fürstengruft überführt wurden. „Abends der Trauerzug bis ins Römische Haus. Mein Sohn hatte die erste Nachtwache", schrieb Goethe, der selbst eine tiefe Scheu vor jedem Trauerzeremoniell hatte und sogar der Beerdigung von Christiane ferngeblieben war. Er zog sich lieber nach Dornburg zurück, wo er sich ungestört den Erinnerungen an seinen fürstlichen Freund hingeben konnte.

Die Anlage und Gestaltung
des Parks an der Ilm,
der etwa 48 Hektar umfasst,
wurden stark von Goethe
beeinflusst. 1776 hatte der
Herzog ihm hier das Gartenhaus geschenkt. Die plan-
volle Gestaltung des Parks
begann im Sommer 1778.
Einen Höhepunkt bildete
zwei Jahrzehnte später
die Errichtung des
Römischen Hauses.

Goethe war zwar selbst kein Baumeister, hatte aber architektonische Kenntnisse und ein sicheres Stilempfinden. Als Architekten für das Römische Haus ließ er den Hamburger Johann August Arens verpflichten, den er in Rom kennen gelernt hatte. Das Relief im Giebel zeigt eine allegorische Darstellung mit dem geflügelten Genius, der die Kunst und die Wissenschaft, den Ackerbau und die Gartenkunst schützt.

Die Aufregung war groß. Menschen rannten treppauf, treppab wild durcheinander, gestikulierten, schrien nach Hilfe und standen denen, die helfen wollten, doch häufig im Weg. Am 6. Mai 1774 war in der Mittagszeit im Küchentrakt des Weimarer Residenzschlosses ein Feuer ausgebrochen, das schnell um sich griff, sich von Etage zu Etage ausbreitete und bald das gesamte Gebäude erfasste. Herzogin Anna Amalia, die einer Unpässlichkeit wegen in ihrem Schlafgemach ruhte, wurde von einem aufgeregten Höfling aufgefordert, ihr Schloss unverzüglich zu verlassen. Nein, Zeit zum Ankleiden gäbe es nicht. So floh die Großherzogin in wilder Hast im Nachtgewand ins

Freie, wo sie fassungslos auf das Gebäude blickte, das bald völlig in Flammen stand. Eine einzige Lohe, die hoch in den Himmel züngelte und deren schwarzer Rauch den zahlreichen Menschen, die entweder aus dem Schloss geflohen oder aus der Nachbarschaft herbeigeeilt waren, die Tränen in die Augen trieb.

Soll das Feuer denn auf ewig zum Schicksal dieses Schlosses werden, dürfte sich Anna Amalia damals gefragt haben, denn natürlich kannte sie die Geschichte des Bauwerks, dessen Anfänge auf eine mittelalterliche Wasserburg zurückgehen. Die erste Brandkatastrophe ist für das Jahr 1424 verbürgt, bei der nicht nur die Burg, sondern auch weite Teile der damaligen Stadt in Flammen aufgingen. Übrig blieben nur der Kernbereich des Torhauses und der untere Teil des Bergfrieds, auf dem der bis heute erhaltene Schlossturm errichtet wurde. Nur langsam nahm der Wiederaufbau des Hornsteins, wie man die Burg nun nannte, Gestalt an. Doch nachdem Weimar 1547 zur herzoglichen Residenz aufge-

stiegen war, erhielt der Neubau den Charakter eines Renaissanceschlosses, von dessen repräsentativer Gestalt noch heute das um die Mitte des 16. Jahrhunderts geschaffene Portal des Torhauses eine Vorstellung vermittelt. Architekt war nun Nickel Gromann, der etwa zur selben Zeit mit der Kapelle von Schloss Hartenfels in Torgau die weltweit erste protestantische Kirche gebaut hatte.

Gebaute Erinnerung: ein Blick in die Goethegalerie im Westflügel des Weimarer Residenzschlosses. Diesen Gebäudeteil erbaute Clemens Wenzeslaus Coudray von 1830 bis 1847. Auf Initiative der Fürstin Maria Pawlowna wurden hier vier Zimmer eingerichtet und mit Porträtbüsten versehen, die an Goethe und seine drei wichtigsten Weimarer Dichterkollegen erinnern sollen.

Angeblich soll ein „Goldmacher", einer jener Alchimisten, die mit Hilfe obskurer Experimente unedle in edle Metalle verwandeln wollten, mit seinem Leichtsinn für das Feuer verantwortlich gewesen sein, das am 2. August 1618 den Hornstein, oder zumindest große Teile der Schlossanlage, einmal mehr in Schutt und Asche legte. Beim Wiederaufbau, der in den folgenden Jahrzehnten schleppend voranging und immer wieder unterbrochen wurde, schuf Giovanni Bonalino – ein italienischer Baumeister, der seit längerem in Deutschland tätig war – den Plan einer dreigeschossigen Vierflügelanlage, deren Gebäude sich um einen rechteckigen Innenhof gruppierten. Immerhin konnte 1630 die Schlosskirche fertig gestellt werden. Als Herzog Wilhelm IV., nach dem das Ensemble nun Wilhelmsburg genannt wurde, die Arbeiten 1651 wieder aufnehmen ließ, beauftragte er Johann Moritz Richter, der bereits

Maria Pawlowna (1786–1859), russische Großfürstin und Tochter von Zar Paul I., heiratete 1804 Carl Augusts Sohn, den Erbprinzen Carl Friedrich. Sie residierte im Nordflügel des gerade wieder aufgebauten Schlosses, dessen weiterer Gestaltung sie von nun an große Aufmerksamkeit widmete.

die Pläne für das Schloss Friedenstein in Gotha geschaffen hatte, mit der Bauleitung. Bis zum Tod des Herzogs wurden der Ost- und der Nordflügel fertig gestellt sowie die steinerne Sternbrücke über die Ilm errichtet. Danach ruhten die Arbeiten für viele Jahrzehnte, nur der Stumpf des alten Turms erhielt bis 1728 einen Aufsatz in barocken Formen.

Als Goethe im November 1775 in Weimar eintraf, hatte der etwa anderthalb Jahre zurückliegende Brand nur den Turm und das Torhaus verschont. Der Rest lag in Trümmern, an einen Wiederaufbau war angesichts leerer Kassen und zahlreicher anderer, weit dringenderer Vorhaben noch gar nicht zu denken. Als äußerst ärgerlich dürfte Carl August die Tatsache empfunden haben, dass selbst die Sicherung der Ruine – das Anbringen von Notdächern und das immer wieder erforderliche Abstützen von Mauern – gewaltige Summen verschlang. Am Ende, so befand der Großherzog, wäre das Geld für einen irgendwann ja doch einmal notwendigen Wiederaufbau sehr viel besser angelegt.

Im März 1789 berief Carl August eine Schlossbaukommission, die die Arbeiten planen und ihm persönlich darüber Rechenschaft ablegen sollte. Dass Goethe deren Mitglied wurde, war eigentlich eine Selbstverständlichkeit. Während sich der Minister Christian Gottlob von Voigt und der Kammerpräsident Johann Christoph Schmidt mit den äußerst undankbaren Fragen der

Finanzierung herumschlagen mussten, konnte sich Goethe vorrangig um die baulichen und künstlerischen Belange kümmern.

Auf Goethes Empfehlung erhielt der Hamburger Architekt Johann August Arens den Auftrag. Arens, der auch für den Bau des Römischen Hauses verantwortlich zeichnete, verlieh dem Ensemble ein klassizistisches Gepräge. 1796 war der Rohbau einer für damalige Verhältnisse modernen, dreiflügeligen Schlossanlage vollendet, die sich zu dem damals im Entstehen begriffenen Park an der Ilm hin öffnete. 1797 übernahm der Stuttgarter Hofbaumeister Friedrich Thouret den Innenausbau, wobei er sich als außerordentlich fähig,

Der Vorraum zum Audienzzimmer von Maria Pawlowna. Im kleinen Weimar war man sich der Verpflichtungen, die sich aus der dynastischen Verbindung mit dem russischen Großreich ergaben, sehr wohl bewusst. So war es selbstverständlich, dass Maria Pawlowna über repräsentative Räumlichkeiten verfügen konnte. Das Neubauprojekt des Schlosses bot entsprechende Möglichkeiten.

leider aber auch ziemlich unzuverlässig erwies. Immer wieder musste Goethe sich selbst einmischen, die Dinge anschieben, Fehler korrigieren, Konflikte schlichten. Trotzdem war dies eine Aufgabe, die den Dichter herausforderte und der er sich nicht ungern stellte. „Ich musste mit einwirken und war sogar in dem Fall, Gesimse zeichnen zu müssen. Ich tat es den Leuten vom Metier gewissermaßen zuvor, weil ich ihnen in der Intention überlegen war", äußerte er einmal im Gespräch mit Eckermann.

Nachdem Thouret trotz dringender Aufforderungen nicht mehr in Weimar erschien und auch Briefe nicht beantwortete, beauftragte die Kommission schließlich den Berliner Baumeister

Heinrich Gentz, der das Schloss auch bis 1803 weitgehend fertig stellte. Das Treppenhaus im Ostflügel, der Weiße Saal, die Spiegelgalerie, das Zedernzimmer, die im Nordflügel gelegene Falkengalerie und eine ganze Reihe weiterer Räume gaben dem klassizistischen Neubau einen sehr repräsentativen Charakter. Nach fast drei Jahrzehnten des Provisoriums verfügte Carl August nun endlich über einen angemessenen Wohn- und Regierungssitz. Aber noch aus einem weiteren Grund hatte sich die Fertigstellung als dringend notwendig erwiesen: Denn Carl Augusts Sohn, der Erbprinz Carl Friedrich, hatte 1804 die russische Großfürstin Maria Pawlowna geheiratet – der ebenso hoch gebildeten wie anspruchsvollen Schwester der russischen Zaren Alexander und Nikolaus musste natürlich ein angemessenes Domizil geboten werden. Am 9. November 1804 nahm sie gemeinsam mit ihrem Ehemann im Schloss Quartier. Während Herzogin Luise und Carl August das erste und zweite Stockwerk des Ostflügels bewohnten, residierten Carl Friedrich und Maria Pawlowna in den Gemächern des Nordflügels.

Die dynastische Verbindung zwischen dem kleinen Großherzogtum und dem großen Zarenreich erwies sich für Weimar als sehr glücklich, denn Maria Pawlowna nahm lebhaften Anteil an der künstlerischen Ausgestaltung der Residenz. Den Weiterbau des Schlosses nahm sie persönlich in die Hand. In dem von Clemens Wenzeslaus Coudray von 1830 bis 1847 erbauten Westflügel ließ sie 1840 vier Zimmer gestalten, die an Goethe und seine drei wichtigsten

Der Rote Salon ist einer der besonders glanzvollen Räume im Weimarer Residenzschloss. Zu den Schätzen des Schlossmuseums gehört eine bedeutende Kunstsammlung.

Weimarer Dichterkollegen erinnern. In diesen Dichterzimmern steht jeweils eine Büste von Schiller, Goethe, Wieland und Herder, während die Fresken an den Wänden Szenen aus den Werken der jeweiligen Dichter zum Thema haben. „Die Huldigung mutet uns heute fremd an, aber das 19. Jahrhundert sah seine Dichter als heroische Vorbilder, und gerade Maria Pawlowna war eine glühende Verehrerin der deutschen Klassik. In diesem Zusammenhang ist auch die Märchengalerie des Moritz von Schwind vor den Dichterzimmern zu sehen", urteilt Paul Raabe, Goethe-Kenner und langjähriger Direktor der Herzog-August-Bibliothek Wolfenbüttel, in seinem Buch „Spaziergänge durch Goethes Weimar".

Natürlich gehört die Besichtigung der vier Dichterzimmer zu jedem Rundgang durch das Weimarer Schloss, der durch zahlreiche historische Innenräume führt. In ihrer prächtigen Anlage und Ausgestaltung besonders beeindruckend sind der Festsaal und das von Heinrich Gentz gestaltete Treppenhaus. Leider wurde die Südseite kurz vor dem Ersten Weltkrieg durch ein Gebäude geschlossen, so dass die Verbindung zum Park verloren ging. Die eigentlichen Schätze des Schlossmuseums bilden die Kunstsammlungen, die deutsche Kunst des Mittelalters und der Renaissance mit sakralen Holzplastiken und Gemälden, aber auch italienische und niederländische Malerei und deutsche Malerei und Plastik des 19. Jahrhunderts – unter anderem mit Werken von Angelica Kauffmann, Johann Friedrich August Tischbein, Caspar David Friedrich und Philipp Otto Runge – umfassen. In drei neu gestalteten Räumen im Erdgeschoss sind mehr als zwanzig Werke der mit Weimar besonders verbundenen Maler Lucas Cranach d. Ä. und d. J. sowie aus deren Werkstätten zu sehen.

Ein Meisterwerk der klassizistischen Innenarchitektur: Das Treppenhaus im Weimarer Residenzschloss wurde von Heinrich Gentz gestaltet.

Das Weimarer Residenz-
schloss in seiner heutigen
Gestalt. Das Gebäude,
das auf eine mittelalterliche
Burganlage zurückgeht,
fiel im Lauf seiner langen
Geschichte mehrfach
Feuersbrünsten zum Opfer,
zuletzt im Mai 1774. Fünf-
zehn Jahre später berief Carl
August eine Schlossbau-
kommission, der selbstverständlich auch Goethe ange-
hörte. Auf seine Empfehlung
wurde der Hamburger
Architekt Johann August
Arens verpflichtet. Später
waren auch Friedrich
Thouret, Heinrich Gentz
und Clemens Wenzeslaus
Coudray an dem Bauprojekt
beteiligt, das sich über
mehrere Jahrzehnte hinzog.

Die großen Kristalllüster
verleihen dem in hellen
Farbtönen gehaltenen Raum
eine besonders festliche
und heitere Note. Früher
war der Festsaal im
Weimarer Residenzschloss
ein Ort höfischer Repräsen-
tation und Lustbarkeit,
heute wird dieser prächtige
klassizistische Raum für
Konzerte und festliche
Veranstaltungen genutzt.

MICH HAELT KEIN BAND MICH FESSELT KEINE SCHRANKE
FREI SCHWING ICH MICH DURCH ALLE RAEUME FORT
MEIN UNERMESSLICH REICH IST DER GEDANKE
UND MEIN GEFLUEGELT WERKZEUG IST DAS WORT.

Das Schillerzimmer mit einem Durchblick zum Wielandzimmer: Die Idee, den vier wichtigsten Dichtern des klassischen Weimar – nämlich Goethe, Schiller, Herder und Wieland – im Schloss jeweils einen eigenen Memorialraum zu widmen, geht auf die Fürstin Maria Pawlowna zurück. Sie war eine hervorragende Kennerin der deutschen Klassik, deren wichtigste Weimarer Vertreter sie in besonderer Weise geehrt wissen wollte.

Im Park von Schloss Tiefurt veranstaltete die Weimarer Hofgesellschaft in den Sommermonaten gern Theateraufführungen unter freiem Himmel. Diese Zeichnung von Wilhelm von Kaulbach zeigt eine Aufführung von Goethes „Iphigenie auf Tauris". Der Dichter selbst hat hier die Rolle des Orest übernommen, Carl August spielt den Pylades, während die berühmte Schauspielerin Corona Schröter – als einzige Professionelle in dieser erlesenen Laienspielgruppe – die Iphigenie verkörpert.

Etwa zwei Kilometer östlich vom alten Weimarer Stadtgebiet liegt ein Schloss, bei dem es sich ursprünglich nur um ein Gutshaus handelte. Das zweigeschossige Gebäude gehörte zu einem Kammergut und wurde von einem Pächter bewohnt. Bedeutung für die Weimarer Hofgesellschaft gewann Schloss Tiefurt erst, nachdem Carl August 1775 die Regierung übernommen hatte. Da nun auch Prinz Friedrich Ferdinand Constantin (1758–93), sein jüngerer Bruder, standesgemäß untergebracht werden musste, überließ man ihm das idyllisch gelegene Schlösschen, für dessen Neugestaltung sich Constantins Erzieher Karl Ludwig von Knebel mit viel Geschmack und Geschick engagierte. Knebel, den Goethe seinen „Urfreund"

nannte und der die erste Begegnung zwischen dem Dichter und Carl August herbeigeführt hatte, begann auch das umliegende Gelände als englischen Park zu gestalten.

Tiefurts große Zeit verbindet sich allerdings nicht mit Constantin, der bereits im Alter von 35 Jahren verstarb, sondern mit dessen Mutter Anna Amalia. Als ihr Sohn 1781 zu einer mehrjährigen Kavalierstour aufbrach, erkor sie sich Tiefurt zum Sommersitz, wo sie mehrere Wochen „ohne Hofmarschall und Casino" nur in Gesellschaft von Freunden zu verbringen pflegte. Die Zeit, die nur „der Beförderung der Fröhlichkeit und der guten Launen" dienen sollte, war angefüllt mit geistvollen Gesprächen, gemeinsamem Musizieren und Singen. Man las und rezitierte, diskutierte, malte, und die Damen vertrieben sich die Zeit mit Handarbeiten. Es gab aber auch Aufführungen des Liebhabertheaters, lebende Bilder und bukolische Feste unter freiem Himmel.

Goethe und Carl August, die zumindest in ihren frühen Jahren auch derbe Späße sehr schätzten, ließen einmal die Zimmertür der Hofdame Luise von Göchhausen heimlich zumauern und amüsierten sich köstlich, wie sie verzweifelt nach dem Eingang zu ihrem Gemach suchte.

Um der zeitweiligen Verlegung ihres Weimarer „Musenhofs" nach Tiefurt auch äußerlich einen stilvollen Rahmen zu geben, hatte Anna Amalia das Schloss künstlerisch ausgestalten lassen. In den Räumen, die im Stil von Rokoko, Klassizismus und Biedermeier eingerichtet wurden, befinden sich Gemälde von Goethes Zeichenlehrer Adam Friedrich Oeser und von Georg Melchior Kraus sowie Plastiken von Gott-

lob Martin Klauer. Wie im Tafelrundenzimmer im Wittumspalais, so versammelte Anna Amalia die gelehrte Gesellschaft hier im Kaminzimmer, wo auch die Redaktionsbesprechungen für das handschriftlich herausgegebene „Journal von Tiefurt" stattgefunden haben dürften. Drei Jahre lang gab es diese ambitionierte Zeitschrift, die 1781 folgendermaßen angekündigt wurde: „Es ist eine Gesellschaft von Gelehrten, Künstlern, Poeten und Staatsleuten, beyderley Geschlechts, zusammengetreten, und hat sich vorgenommen alles was Politick, Witz, Talente und Verstand, in unseren dermalen so merkwürdigen Zeiten, hervorbringen, in einer periodischen Schrift den Augen eines sich selbst gewählten Publikums vorzulegen."

Zur Exklusivität dieses Unternehmens gehörte die strikte Beschränkung der Leserschaft: Wer lesen wollte, musste entweder selbst schreiben und Beiträge für das Journal liefern, oder aber ein Goldstück bezahlen. Geschrieben haben unter anderem Carl August, Wieland, Herder, Knebel und – natürlich – Goethe, dessen Gedichte „Das Göttliche" und „Auf Miedings Tod" erstmals im „Journal von Tiefurt" publiziert wurden.

Wer das Schloss, das schon seit 1907 als Museum öffentlich zugänglich ist, besichtigt hat, kann einen Spaziergang durch den Park anschließen, zu dessen Sehenswürdigkeiten ein Teehaus von 1805, ein Herder-Gedenkstein und Deutschlands ältestes Mozart-Denkmal gehören. In der Nähe des 1803 errichteten Musentempels fanden einst Aufführungen des Liebhabertheaters unter freiem Himmel statt. 1782 wurde im Schein von Fackeln und Holzfeuern Goethes Singspiel „Die Fischerin" aufgeführt.

Nach umfangreichen Restaurierungsarbeiten präsentieren sich die historischen Räume in Schloss Tiefurt weitgehend so wie zur Glanzzeit des Gebäudes im späten 18. Jahrhundert. Das Schloss, das Anna Amalia als Rückzugsort im Sommer diente, ist reich mit Möbeln und Kunstwerken jener Zeit ausgestattet.

Schloss Tiefurt diente ursprünglich dem Prinzen Constantin und seinem Erzieher Karl Ludwig von Knebel als Wohnsitz. Als Constantin 1781 zu einer mehrjährigen Kavalierstour aufbrach, entschloss sich Anna Amalia, das Schloss zu übernehmen. Dafür wurde das Gebäude umgebaut und – unter anderen mit Gemälden von Adam Friedrich Oeser – künstlerisch neu ausgestattet.

Neben dem Schloss bildet der Park von Tiefurt eine besondere Sehenswürdigkeit. Er wurde nach dem Vorbild von Wörlitz als romantischer Landschaftsgarten angelegt. In der Nähe des 1803 errichteten Musentempels fanden zu Goethes Zeit die Aufführungen des Liebhabertheaters statt.

Habent sua fata libelli – Bücher haben ihr Schicksal, dieser Spruch des antiken Dichters Terentianus Maurus gilt in besonderem Maße auch für die in ihrem Bestand stets gefährdeten Büchersammlungen. „Sodann musste Cäsar, da man ihm seine Flotte wegnehmen wollte, die Gefahr mit Hilfe eines Feuers abwenden, das aber von den Seearsenalen weiter um sich griff und die große Bibliothek vernichtete", berichtet Plutarch in seiner Lebensbeschreibung Cäsars lapidar über die größte Kulturvernichtung des Altertums, die sich im Jahr 48 v. Chr. ereignete. Der Brand der Bibliothek von Alexandria, die das gesamte Wissen jener Zeit vereinte, wird als die Urkatastrophe aller Bibliotheksbrände verstanden. Bis heute fielen im Lauf der Geschichte immer wieder wertvolle Büchersammlungen Brandstiftungen und Bränden zum Opfer.

Unter Herzogin Anna Amalia war das kleine Weimar zwar kaum von Kriegszerstörungen bedroht. Dennoch hätte nicht viel gefehlt und auch die bedeutende Weimarer Büchersammlung wäre bereits 1774 beim Brand des Weimarer Schlosses für immer untergegangen. Glücklicherweise hatte die Herzogin im Jahr 1760 beschlossen, das Grüne Schloss in eine Heimstatt für die im Stadtschloss nur unzureichend untergebrachte, immer größer werdende Weimarer Büchersammlung umzugestalten. Dafür war es notwendig, das aus der Renaissance stammende Gebäude (erbaut 1562–65) durch einen kompletten Umbau den neuen Nutzungsbedürfnissen anzupassen. Von 1761 bis 1766 wurde der kleine Palast zum Bibliotheksgebäude umgestaltet – das Resultat überzeugte sowohl funktional als auch ästhetisch. Den Mittelpunkt des Gebäudes bildete ein dreigeschossiger ovaler Raum im ersten Stockwerk, der als der schönste deutsche Bibliothekssaal des Rokoko galt. Galerien und Regale, in denen kostbare, in Leder eingebundene Bände standen, prägten diese in ihrer Art einzigartige Sammlung, deren Geschichte bis ins Jahr 1691 zurückreicht. Weiße und goldene Stuckaturen, Pilaster, Säulen und Emporengeländer verliehen dem Saal ein ebenso freundliches wie festliches Gepräge. Das Deckengemälde „Genius des Ruhms" war eine von Johann Heinrich Meyer geschaffene Kopie eines Bildes von Annibale Carracci. Vervollständigt wurde die Ausstattung durch Gemälde, Kupferstiche, Karten und Globen. Welcher Geist in diesen Räumen herrschte, zeigten die Büsten von Goethe, Schiller, Wieland, Herder, der Hausherrin Anna Amalia und weiterer Persönlichkeiten des klassischen Weimar. Die Stirnseite des Erdgeschosses wurde durch das berühmte Herzog-August-Porträt von Ferdinand Jagemann beherrscht.

Es liegt nahe, dass für die Idee des Bibliothekssaals die berühmte, leider aber im 19. Jahrhundert zerstörte Wolfenbütteler Bibliotheksrotunde Pate gestanden hat. Anna Amalia kannte sie gut, schließlich stammte sie aus Wolfenbüttel. Goethe hatte an der Konzeption des Bibliotheksgebäudes keinen Anteil, denn der Bau war bereits 1766 im Wesentlichen abgeschlossen – neun Jahre vor der Ankunft des Dichters in Weimar. Allerdings regte er an, den ursprünglich zur Stadtbefestigung gehörigen Turm aus dem Jahr 1453 durch ein Gebäude mit dem Bibliotheksbau zu verbinden. Dieser Verbindungsbau entstand von 1803 bis 1805, der Turm selbst wurde 1821 in ein Büchermagazin umgewandelt. 1849 waren die letzten Bauarbeiten am historischen Bibliotheksgebäude abgeschlossen – pünktlich zu Goethes 100. Geburtstag.

Der Schicksalstag der Herzogin Anna Amalia Bibliothek, wie sie seit 1991 heißt, war der 2. September 2004, ein Donnerstag, an dem die Bibliothek bis 20.30 Uhr geöffnet hatte. Die letzten Besucher waren noch nicht gegangen, als um 20.26 Uhr die Brandmelder Alarm anzeigten: Kurz danach quoll bereits schwarzer Rauch aus dem Dachstuhl des historischen Gebäudes. Innerhalb kürzester Zeit wurde eine Rettungsaktion organisiert, an der sich nicht nur 350 Feuerwehrleute aus Weimar, Jena und Erfurt beteiligten, sondern auch zahlreiche Mitarbeiter der Stiftung Weimarer Klassik und der Bibliothek, des Technischen Hilfswerks, des Roten Kreuzes, der Kunstsammlungen sowie viele freiwillige Helfer. Sie bildeten Menschenketten, um möglichst viele der wertvollen

Scherenschnitte waren Ende des 18. und Anfang des 19. Jahrhunderts besonders beliebt. Hier ist Herzogin Anna Amalia so dargestellt worden, wie es einer Herrscherin geziemt, die größten Wert auf Bildung und Förderung von Literatur und Kunst legt: In aufrechter Haltung steht sie am Schreibpult, in der rechten Hand hält sie einen offenbar eben beendeten Brief.

Bücher aus dem brennenden Gebäude zu bergen. Bibliotheksdirektor Michael Knoche zog die kostbare Luther-Bibel von 1534 aus dem Regal und brachte sie in buchstäblich letzter Sekunde in Sicherheit. Tatsächlich konnten wertvolle Bestände wie die 600 Bibeln aus der Reformationszeit und die 3900 Bände umfassende weltweit größte „Faust"-Sammlung gerettet werden. Etwa 40 000 Bücher wurden noch aus dem Gebäude gebracht, teilweise allerdings so stark beschädigt, dass sie im Leipziger Zentrum für Bucherhaltung restauriert werden mussten. Etwa 50 000 Bände sind jedoch für immer verloren. Auch wenn manche davon vielleicht neu beschafft werden können, ist der Verlust unermesslich groß. Verloren gingen in der Ruine des Gebäudes auch die 35 Ölgemälde mit Fürstenporträts aus dem 16. bis 18. Jahrhundert, die sich auf der zweiten Galerie befanden, sowie das Deckengemälde mit der Carracci-Kopie.

Besonders tragisch ist der Umstand, dass sich der offenbar durch einen technischen Defekt verursachte Brand kurze Zeit vor der geplanten Auslagerung der Bücher ereignet hat: Fünf Wochen später hätten sich alle Bände in einem neuen Tiefmagazin unter dem Platz der Demokratie befunden. Im Februar 2005 sollten die seit Jahren geplanten Sanierungs- und Restaurierungsarbeiten des Altbaus beginnen. Glücklicherweise hat die Katastrophe eine fast beispiellose Spendenaktion ausgelöst. Viele Einzelpersonen, Organisationen und Firmen engagieren sich seither mit erheblichen finanziellen Mitteln für die Rettung der Bücher und den Wiederaufbau des historischen Gebäudes. Die Schirmherrschaft für die Hilfsaktion hat Bundespräsident Horst Köhler übernommen. So kann gerettet werden, was noch zu retten ist. Bis 2007 soll der historische Bibliothekssaal einschließlich des Deckengemäldes in alter Schönheit neu erstanden sein. „Die Herzogin Anna Amalia Bibliothek wird auch in Zukunft ihre Funktion als erlebbares Denkmal und aktive Bibliothek ausfüllen können", sagt Bibliotheksdirektor Michael Knoche.

Goethe, der von 1797 bis 1832 für die Verwaltung und den Ausbau der Bibliothek zuständig war, könnte also beruhigt sein. Das Haus, das als eine der ersten Fürstenbibliotheken in Deutschland öffentlich zugänglich war, wird auch in Zukunft in seinem Sinne geführt werden. Schließlich hatte er bereits 1798 eine Vorschrift erlassen, „nach welcher man sich bey hiesiger Fürstl. Bibliothek, wenn Bücher ausgeliehen werden, zu richten hat".

1760 ordnete die Herzogin an, dass die Bibliothek im Grünen Schloss untergebracht werden sollte. Dafür wurde das Renaissancegebäude komplett umgestaltet. Später regte Goethe an, den unmittelbar benachbarten, zur alten Stadtbefestigung gehörenden Turm durch ein Gebäude mit der Bibliothek zu verbinden. 1821 wandelte man den Turm in ein Büchermagazin um.

Nur noch ein Bild der Erinnerung: Der prächtige
Rokokosaal der Herzogin
Anna Amalia Bibliothek galt
als schönster deutscher
Bibliothekssaal des ausge-
henden 18. Jahrhunderts.
Verhängnisvollerweise fiel
auch dieses weltberühmte
Raumensemble dem ver-
heerenden Brand am 2. September 2004 zum Opfer. Die
Katastrophe führte zu einer
fast beispiellosen Spendenaktion, so dass die Dinge, die
sich noch retten lassen
(Bücher, Kunstwerke,
Raumgestaltungen), auch
tatsächlich gerettet oder
zumindest rekonstruiert
werden können. Bis 2007
soll der historische Bibliothekssaal in alter Schönheit
neu erstehen.

Die Turmbibliothek war mit ihrer elegant geschwungenen Wendeltreppe ein ganz besonderes Raumkunstwerk. Bibliotheksdirektor Michael Knoche weiß sehr genau, welche Werte durch den Brand unwiederbringlich verloren gingen. Doch er schaut nach vorn und sagt: „Die Herzogin Anna Amalia Bibliothek wird auch in Zukunft ihre Funktion als erlebbares Denkmal und aktive Bibliothek ausfüllen können."

Die beiden Dichter, die hier nebeneinander auf dem Sockel stehen, muten schon bei flüchtiger Betrachtung sehr unterschiedlich an: Goethe sieht entschlossen geradeaus, scheint irdische Herausforderungen fest im Blick zu haben, während Schiller die Augen idealistisch erhoben hat. Goethes linke Hand ruht freundschaftlich auf Schillers Schulter, dessen Linke hält eine Manuskriptrolle, die Rechte liegt in einer beinahe fahrigen Geste auf dem Lorbeerkranz, den Goethes rechte Hand fest im Griff hat. Der Dresdner Bildhauer Ernst Rietschel, einer der prominentesten Denkmalspezialisten des 19. Jahrhunderts, schuf im Jahr 1857 das Weimarer Goethe-Schiller-Denkmal, das zu den wichtigsten Wahrzeichen der Klassikerstadt gehört. Trotz einer gewissen Idealisierung ist es eine interessante Darstellung der Beziehung der beiden Dichter, die sich schätzten, sich ihrer Differenzen

gleichwohl stets bewusst blieben und die im persönlichen Umgang zeitlebens das distanzierte Sie beibehielten.

Das Denkmal steht vor der Fassade des Deutschen Nationaltheaters, das beide niemals betreten haben. Das alte, 1780 eingeweihte Theater, das Goethe bis 1817 leitete und an dem auch Schiller nach seiner Übersiedlung nach Weimar Regie führte, ging 1825 durch einen Brand verloren. Auch der an derselben Stelle anschließend errichtete Neubau, der an Goethes 80. Geburtstag mit einer „Faust"-Aufführung eröffnet wurde, schrieb Musik- und Theatergeschichte. Franz Liszt und Richard Strauss feierten hier Erfolge. Dennoch wurde das Haus 1906 abgerissen und zwei Jahre später durch ein neoklassizistisches Gebäude in wilhelminischem Stil ersetzt, in dem 1919 die Nationalversammlung tagte. Die Abgeordneten, denen die Situation in Berlin zu brenzlig geworden war, verschafften damit der ersten deutschen Demokratie den Namen „Weimarer Republik". Thomas Mann, der hier bereits 1949 nach der Wiedereröffnung des kriegszerstörten Hauses gesprochen hatte, hielt am 14.

Mai 1955, ein knappes Vierteljahr vor seinem Tod, den Festvortrag zur Schillerfeier.

Die Weimarer Verhältnisse im Allgemeinen und die Beziehung zwischen Goethe und Schiller im Besonderen haben den Autor von „Lotte in Weimar" zeitlebens interessiert. In seiner Schiller-Novelle „Schwere Stunde" beschreibt Thomas Mann, wie der erkrankte Schiller mit einem Manuskript ringt. Auf dem Tisch steht eine Tasse mit starkem Kaffee, aber Schiller weiß, dass sie ihm nicht gut täte. „Wenn sie ihm über das Hemmnis hülfe? Nein,

Mit diesem Monument, das Goethe und Schiller in Freundschaft vereint, hat der Dresdner Bildhauer Ernst Rietschel eines der berühmtesten deutschen Denkmäler des 19. Jahrhunderts geschaffen. Das 1857 enthüllte Kunstwerk steht direkt vor dem Deutschen Nationaltheater.

nein, nicht mehr! Nicht der Arzt nur, auch ein zweiter noch, ein Ansehnlicherer, hatte ihm dergleichen behutsam widerraten, der andere, der dort, in Weimar, den er mit sehnsüchtiger Feindschaft liebte. Der war weise. Der wusste zu leben, zu schaffen; misshandelte sich nicht; war voller Rücksicht gegen sich selbst."

Im Dezember 1799 siedelte Schiller, der sich von seiner Lehrtätigkeit in Jena immer mehr zurückgezogen hatte, nach Weimar über, wo er mit seiner Familie zunächst unter recht beengten Bedingungen lebte. Erst 1802 erwarb er für 4200 Taler, was ziemlich viel Geld für ihn war, ein Haus an der damaligen Esplanade. Weder in Größe noch Komfort ließ sich das Haus mit Goethes nur unweit gelegenem Anwesen am Frauenplan vergleichen. Gesundheitlich zwar angeschlagen, war Schiller hier dennoch ungemein produktiv, schrieb unter anderem „Die Braut von Messina" und „Wilhelm Tell". Schillers

Wohnhaus, das heute die Adresse Schillerstraße 12 hat, dient schon seit 1847 als museale Erinnerungsstätte, die 1988 neu gestaltet wurde. Hier finden die Besucher heute Räume, die mit zeitgenössischem Inventar ungefähr so eingerichtet sind wie zu Schillers Lebzeiten. Als Schiller am 9. Mai 1805 im Alter von nur 45 Jahren und sechs Monaten einer Lungenentzündung erlag, war er in Deutschland wahrscheinlich sogar noch populärer als sein Dichterkollege Goethe. Umso erstaunlicher ist die schlichte, um nicht zu sagen würdelose Art seiner Beerdigung. Kurz danach kritisierte die Zeitschrift „Minerva": „Die Übereilung mit der Beerdigung, die durch keine warme Witterung notwendig gemacht wurde! Diese äußerste Stille! Diese Mitternachtsstunde, wie bei dem Begräbnis eines an der Pest Verstorbenen! Dieser isoliert fortgeschleppte Sarg ohne alles Gefolge! Diese bestellten Handwerker, die in Weimar die Leiche eines Schiller zu Grabe tragen sollten!"
Sogar der Eintrag im Totenregister war falsch: Carl Friedrich hatte man dort als Vornamen aufgeführt. Beigesetzt wurde

Schiller, der nicht einmal ein würdiges Einzelgrab erhielt, im Kassengewölbe auf dem Jakobsfriedhof. An ein gemeinsames Grab mit Goethe war zunächst keineswegs gedacht. Doch das sollte sich ändern.
Aber sehen wir uns erst einmal an, wie man Goethe – der Beerdigungen stets ferngeblieben war – zu Grabe geleitete. Natürlich erhielt der Dichterfürst, der am 22. März 1832 gegen 11.30 Uhr verschied, ein Staatsbegräbnis mit allem Pomp und allen Ehren, die Sachsen-Weimar bei solchen Anlässen aufbieten konnte. Er habe mit seinem „erhaben edlen Gesicht" eher wie ein Schlafender ausgesehen, meinte Goethes Privatsekretär Eckermann bei der Betrachtung

Friedrich Schiller verbrachte nur seine letzten Lebensjahre in Weimar. 1802 erwarb er ein Haus an der damaligen Esplanade, doch schon am 9. Mai 1805 erlag er 45-jährig einer Lungenentzündung. Sein Haus, das heute die Adresse Schillerstraße 12 hat, dient bereits seit 1847 als museale Erinnerungsstätte.

des Verblichenen, dessen Haupt man mit Lorbeer bekränzt hatte. Und noch aus der Distanz des 21. Jahrhunderts befand der „Spiegel": „Anders als Schiller, der 1805 in einer schlichten Tannenkiste in die Tiefe sank, glitt Goethe nobel ins Jenseits, fast wie ein Pharao." Und ähnlich wie bei den Pharaonen erlitten auch die sterblichen Überreste der beiden Dichter später noch ein wechselvolles Schicksal. 22 Jahre nach Schillers Tod überführte man seinen Schädel und seine Gebeine, oder das, was man dafür hielt, in die Weimarer Fürstengruft. Da außer Schiller noch weitere 63 Menschen im Kassengewölbe beigesetzt waren, konnte ein Irrtum bei der Identifikation nicht endgültig ausgeschlossen werden. Die Fürstengruft, in der Schiller am 16. Dezember 1827 erneut beigesetzt wurde, ist ein würdiger klassizistischer Bau auf dem Neuen Friedhof. Clemens Wenzeslaus

Coudray hatte das Mausoleum mit Säulenportikus und achteckiger Kuppel als Grablege für die fürstlichen Familie erbaut. Dass auch Schiller hier beigesetzt wurde, zeigt die große Wertschätzung, die man ihm postum entgegenbrachte. Am 9. Juli 1828 fand Großherzog Carl August hier seine letzte Ruhestätte. Seine Witwe, Großherzogin Luise, folgte ihm zwei Jahre später. Sie wurde auf eigenen Wunsch „in aller Stille" beigesetzt. 1860 bis 1862 baute man für Maria Pawlowna, die ihrer Konfession treu geblieben war, eine russisch-orthodoxe Grabkapelle mit Ikonostase und Zwiebeltürmen an.
Von Stille konnte bei Goethes Begräbnis natürlich keine Rede sein. Als er, nunmehr auf ewig mit Schiller vereint, am 26. März 1832 zur Fürstengruft geleitet wurde, war dies ein Ereignis, das einen Menschenauflauf verursachte. Fortan war die Fürstengruft das wohl meistbesuchte Prominentengrab in Deutschland. Hundert Jahre später nannte der bekannte Germanist Julius Petersen die Gruft den „magischen Pol allen Menschengedenkens". Hitlers „Tausendjähriges Reich", das kurz dar-

auf begann, erwies sich später auch für das Weimarer Dichtergrab als existenzielle Bedrohung: Auf Befehl des Jenaer Polizeipräsidiums sollten die Eichensärge, die Ende 1944 in einen Bunker nach Jena ausgelagert worden waren, noch kurz vor Kriegsende gesprengt und anschließend verbrannt werden. Glücklicherweise konnte der Bunkerleiter diese Untat vereiteln. Schließlich marschierten amerikanische Truppen in Jena ein, bargen die Särge und transportierten sie am 12. Mai 1945 zurück zur Fürstengruft. Bei dieser Gelegenheit

Der Neue Friedhof vor dem Frauentor wird in Weimar heute als Historischer Friedhof bezeichnet. Hier befindet sich die von Clemens Wenzeslaus Coudray als Mausoleum mit Säulenportikus und achteckiger Kuppel errichtete Fürstengruft. In dem Gebäude wurden die Mitglieder der fürstlichen Familie sowie Goethe und Schiller beigesetzt.

öffneten sie allerdings die Sarkophage und stahlen einige Knochen von Goethes Skelett. Den Amerikanern folgten bald die Sowjets, die das weitere Schicksal der Dichter in die Hände der ostdeutschen Behörden legten. 1961, 1963, 1970 und 1983 öffneten DDR-Experten Goethes Sarkophag und stellten dabei fest, dass sich der Zustand der sterblichen Überreste immer weiter verschlechterte. Daher entschloss man sich 1970 zur Geheimaktion „Mazeration Goethe". Dabei verbrannte man die Weichteile des Dichters und reinigte seine Knochen. Sein Totenhemd wurde in Berlin von Textilexperten konserviert und restauriert, bevor man es wieder über dem nun haltbar gemachten Skelett ausbreitete und den Sarg erneut verschloss. Als diese Maßname nach der Wende bekannt wurde, wurde daran

heftige Kritik geübt. Doch die Meinungen der Wissenschaftler sind durchaus geteilt: Abgesehen von der DDR-typischen Geheimniskrämerei, mit der die Aktion durchgeführt wurde, verurteilen einige Experten die Mazeration, während sie von anderen als ästhetische Maßnahme bezeichnet wird, die geeignet sei, die Würde des Toten zu bewahren.

Interessanter sind die Erkenntnisse, die die Untersuchung des Skeletts erbracht hat: Demnach maß Goethe, der als junger Mann 1,76 Meter groß war, an seinem Lebensende nur noch 1,66. Er litt unter anderen an schweren Bandscheibenschäden, und seine von Zeitgenossen als stolz beschriebene stets aufrechte Haltung war in Wahrheit wohl nur das Ergebnis einer krankheitsbedingten Steifheit. Der Anthropologe Herbert Ullrich, der an der Berliner Humboldt-Universität lehrte und Goethes Gebeine untersuchte, sagte in einem Interview: „Goethe konnte sich kaum noch bücken und krümmen. Erschwerend kommt hinzu, dass auch fünf Rippen mit den verwachsenen Wirbeln durch eine Knochenwucherung verbunden

sind. Dadurch wurde auch die Atmung beschwerlich. Dieser Prozess könnte schon mit dem 40. Lebensjahr eingesetzt haben."

Das war etwa 1789, das Jahr, in dem Goethes einziger überlebender Sohn Carl August geboren wurde. Damals war der Dichter in seinem Arbeitszimmer gerade dabei, den „Faust" zu diktieren. Im Prolog heißt es: „Gib meine Jugend mir zurück!" Ein Wunsch, der angesichts der einsetzenden Gesundheitsbeschwerden verständlich sein mochte, aber naturgemäß unerfüllt bleiben musste.

Über dem Erdgeschossbereich der Fürstengruft erhebt sich eine Kuppel. Durch eine Öffnung im Fußboden sieht man den darunter liegenden Raum, in dem sich die Sarkophage der Weimarer Herrscher befinden. Die meisten Besucher steigen jedoch die Treppe hinunter, um Goethes und Schillers letzte Ruhestätte zu sehen.

Am 22. März 1832 stirbt Goethe gegen 11.30 Uhr in diesem Zimmer, einer schlichten Schlafkammer neben dem Arbeitszimmer, in seinem Haus am Frauenplan. Er habe mit seinem „erhaben-edlen Gesicht" eher wie ein Schlafender ausgesehen, gab Goethes Privatsekretär Eckermann zu Protokoll. In der Todesanzeige, die am nächsten Tag veröffentlicht wurde, wird die Todesursache als „Stickfluss in Folge eines nervös gewordenen Katarrhalfiebers" angegeben. Goethe sei „geisteskräftig und liebevoll bis zum letzten Hauche" gewesen.

In den Wirren der jüngeren
Geschichte ist ihre
Totenruhe mehrfach gestört
worden. Doch nun
werden die Sarkophage von
Goethe und Schiller in der
Weimarer Fürstengruft
nur noch von Kultur-
touristen und Literatur-
interessierten aus aller Welt
besucht.

Von 1775 bis zu seinem Tod 1832 hat Deutschlands bedeutendster Dichter in Weimar gelebt und gewirkt. Lässt man den knapp zweijährigen Italienaufenthalt und eine ganze Reihe weiterer Reisen außer Acht, ist dies eine Zeitspanne von 57 Jahren, ein ganzes Menschenalter. Schon zu seinen Lebzeiten wusste man in Weimar mit Goethe stets zu rechnen, kannte die enorme Bedeutung des weltberühmten Mannes für die Stadt, selbst wenn man sich bei Hofe, aber auch in den Wohnstuben des Bürgertums, auf den Straßen und in den Gasthäusern häufig die Mäuler über den Fürstenfreund und Dichterfürsten zerriss. Widerwillig musste man seine Beziehung zu Christiane tolerieren, wirklich akzeptiert hat man sie nie. Man kannte seine Vorlieben und seine

Schrulligkeiten – und wusste natürlich längst, dass sich der Dichter mitunter Verpflichtungen entzog, die er eigentlich hätte wahrnehmen müssen. Wusste, dass etwa auf Beerdigungen niemals mit ihm zu rechnen war. Er erschien nicht einmal zur Trauerfeier seiner Christiane (1816), auch nicht zu der von Carl August (1828).

Goethe hat sich in Weimar über alles Mögliche geärgert und den Magistrat nicht selten mit Beschwerden traktiert – über lärmende Kinder etwa oder über den Krach von Kegelbahnen oder Webstühlen, die die Ruhe im Haus am Frauenplan störten.

Aber was hielt Goethe wirklich von jener Stadt, in der er mehr als ein halbes Jahrhundert gelebt hat? Mal dies, mal jenes – könnte man bei der Lektüre seiner doch recht widersprüchlichen Weimar-Äußerungen meinen. Schon 1816 meldete eine Zeitung, dass Goethe Weimar für immer den Rücken kehren und seinen Lebensabend lieber in Frankfurt verbringen wolle. Mit diesem Gedanken wird er gespielt haben, doch in Wahrheit blieb er, und als er am 15. September 1823 seinen späteren Privat-

sekretär Johann Peter Eckermann zum Bleiben überredete, pries er Weimar in den höchsten Tönen an: „Wo finden Sie auf einem so engen Fleck noch so viel Gutes! Auch besitzen wir eine ausgesuchte Bibliothek und ein Theater, was den besten anderer deutscher Städte in den Hauptsachen keineswegs nachsteht. Ich wiederhole daher: bleiben Sie bei uns, und nicht bloß diesen Winter, wählen Sie Weimar zu Ihrem Wohnort.

In der Seifengasse ist noch etwas von der kleinstädtisch-beschaulichen Atmosphäre des alten Weimar zu spüren. In dem Haus mit der Nummer 16 wohnte Goethe von 1779 bis 1781, wenn er nicht in seinem Gartenhaus, sondern in der Stadt nächtigen wollte.

Es gehen von dort die Tore und Straßen nach allen Enden der Welt. Im Sommer machen Sie Reisen und sehen nach und nach, was Sie zu sehen wünschen. Ich bin seit 50 Jahren dort, und wo bin ich nicht überall gewesen! – Aber ich bin immer gern nach Weimar zurückgekehrt."

Nur ein paar Tage später hörte sich Goethes Weimar-Urteil allerdings viel weniger schmeichelhaft an. Kanzler Müller, in dessen Gegenwart der Dichter seinem Herzen Luft gemacht hatte, gab dazu Folgendes zu Protokoll: „Überhaupt geschähen hier so viele Albernheiten, dass er sich bloß durch persönliche Würde im Auslande vor beleidigender Nachfrage schützen könne, dass er sich aber schäme, aus Wei-

mar zu sein, und gern wegzöge, wenn er nur wisse, wohin? Dieser sein Unmut, sich nach dem heitern Aufenthalt in Marienbad wieder eingeengt zu befinden, machte sich den ganzen Abend über bemerkbar."

Doch im Grunde seines Herzens war Goethe wohl doch dankbar für das, was Weimar ihm über mehr als ein halbes Jahrhundert zu bieten vermocht hatte. Zitieren wir daher abschließend seine Weimar-Huldigung aus dem Gedicht „Auf Miedings Tod":

*O Weimar!*
*dir fiel ein besonder Los!*
*Wie Bethlehem in Juda,*
*klein und groß.*
*Bald wegen Geist und Witz*
*beruft dich weit*
*Europens Mund,*
*bald wegen Albernheit.*
*Der stille Weise schaut und*
*sieht geschwind,*
*Wie zwei Extreme nah*
*verschwistert sind.*

Kleinstadt mit kultureller Weltgeltung: Blick von der Jakobskirche auf die malerische Weimarer Dachlandschaft. Im Hintergrund sind die Türme der Stadtkirche St. Peter und Paul zu sehen. In der Jakobskirche heiratete Goethe 1806 Christiane Vulpius.

### Goethes Gartenhaus

Als Goethe dieses Haus im April 1776 für 600 Taler kaufte – freilich mit Geld, das er dafür zuvor aus der herzoglichen Schatulle erhalten hatte –, erwarb er zugleich das Weimarer Bürgerrecht. Ursprünglich als Weinberghaus errichtet, war das Gebäude stark renovierungsbedürftig, konnte aber dadurch auch von seinem neuen Besitzer ganz nach eigenem Geschmack gestaltet werden. Bis zur Italienreise und seinem späteren Umzug in das Haus am Frauenplan lag hier Goethes Weimarer Lebensmittelpunkt. Auch später hat er das Haus immer wieder gern besucht, zuletzt im Februar 1832, wenige Wochen vor seinem Tod. Das Gartenhaus, das bis 1996 komplett neu gestaltet wurde, entspricht heute in seiner inneren Gestaltung etwa dem Zustand im Jahr 1820.

Im Park an der Ilm
99423 Weimar
Tel. 0 36 43/54 53 75
www.weimar-klassik.de
Öffnungszeiten:
Mai bis Oktober: täglich 10–18 Uhr
November bis April: täglich 10–16 Uhr

### Goethes Wohnhaus und Goethe-Nationalmuseum

Schon zu Goethes Lebzeiten war sein Wohnhaus am Frauenplan eine berühmte, wenn nicht gar die wichtigste Weimarer Sehenswürdigkeit. Von 1782 bis zu seinem Tod 1832 war das Gebäude, das er zunächst als Mieter bewohnt, später aber besessen hat, Goethes Wohnsitz – ein Haus, das den vielfältigen Interessen und Verpflichtungen des berühmtesten Weimarers recht gut entsprach. Bot es doch Platz für ein abgeschirmtes Familienleben, die zahlreichen Besucher, für Gesellschaften, für die dichterische und wissenschaftliche Arbeit, für Entspannung im Freundeskreis oder im Garten und als Domizil einer großen Bibliothek, Kunst- und Naturaliensammlung. Das alles vermittelt sich auch heutigen Besuchern noch auf sehr anschauliche Weise, zumal das Gebäude zu großen Teilen im Originalzustand erhalten geblieben ist. In unmittelbarer Nachbarschaft befindet sich das Goethe-Nationalmuseum mit der 1999 eröffneten Dauerausstellung „Wiederholte Spiegelungen. Weimarer Klassik 1759 bis 1832".

Frauenplan 1
99423 Weimar
Tel. 0 36 43/54 53 10
www.weimar-klassik.de
Öffnungszeiten:
April bis September: Di–So 9–19 Uhr
Oktober bis März: Di–So 9–16 Uhr

### Wittumspalais

Dank seiner stilvollen Einrichtung, sicher aber auch auf Grund seiner historisch bedingten besonderen geistigen Aura, hat man das gegenüber dem Deutschen Nationaltheater gelegene Wittumspalais als „Bilderbuch des guten Geschmacks" tituliert. Nachdem sie die Regierungsgeschäfte 1775 ihrem nun volljährigen Sohn Carl August übertragen hatte, ließ sich die Herzogin Anna Amalia hier nieder. Berühmt wurde das Gebäude durch die Tafelrunden, zu denen die Herzogin regelmäßig einlud. Wer im geistigen Weimar etwas zählte, gehörte zu den Besuchern dieser exklusiven Treffen. Das Tafelrundenzimmer gehört neben dem Musikzimmer, dem Blauen Salon, dem Grünen Salon und dem Ersten Roten Salon zu einer ganzen Reihe historischer Räume, die weitgehend im Originalzustand erhalten geblieben sind.

Theaterplatz
99423 Weimar
Tel. 0 36 43/54 53 77/78
www.weimar-klassik.de
Öffnungszeiten:
Mai bis Oktober: Di–So 10–18 Uhr
November bis April: Di–So 10–16 Uhr

## Römisches Haus

In der idyllischen Umgebung des Parks an der Ilm wirkt das Römische Haus wie ein höfisches Pendant zu Goethes bürgerlichem Gartenhaus. 1792–97 unter Federführung von Goethe als Sommerhaus für Herzog Carl August erbaut, erinnert es an eine italienische Renaissancevilla. Besucher des klassizistischen Gebäudes können die historischen Räume – unter anderem das Vestibül, den Salon, das herzogliche Arbeitszimmer sowie das Schlafzimmer – besichtigen. Außerdem informiert eine Ausstellung über die Geschichte des Hauses und des Parks an der Ilm.

Im Park an der Ilm
99423 Weimar
Tel. 0 36 43/54 53 82
www.weimar-klassik.de
Öffnungszeiten:
Mai bis Oktober: Di–So 10–18 Uhr
In den Wintermonaten ist das Römische Haus geschlossen.

## Schlossmuseum im ehemaligen Weimarer Residenzschloss

Das Weimarer Stadtschloss besitzt als Gebäude und Schauplatz der Geschichte große Bedeutung, beherbergt aber zugleich auch eine bemerkenswerte Kunstsammlung. Sie umfasst Gemälde, Plastiken und Grafiken aus mehreren Jahrhunderten. Gezeigt werden unter anderem niederländische Meister, eine Galerie, die der Malerfamilie Cranach gewidmet ist, Vertreter der Weimarer Malerschule, die im 19. Jahrhundert große Bedeutung erlangt hat, sowie deutsche und europäische Impressionisten und eine große Sammlung russischer Ikonen vom 15. bis zum 19. Jahrhundert. Beeindruckend sind aber allein schon die historischen Räume, vom Festsaal über das prachtvolle Treppenhaus bis hin zu den vier Dichterzimmern, die Goethe, Schiller, Herder und Wieland gewidmet sind.

Burgplatz 4
99423 Weimar
Tel. 0 36 43/54 59 60
www.kunstfreunde-weimar.de
Öffnungszeiten:
April bis Oktober: Di–So 10–18 Uhr
November bis März: Di–So 10–16 Uhr

## Herzogin Anna Amalia Bibliothek

Die Katastrophe ereignete sich am 2. September 2004: Um 20.26 Uhr löste ein Brandmelder Alarm aus, kurz darauf stand das historische Gebäude der Herzogin Anna Amalia Bibliothek in Flammen. Obwohl die Rettungskräfte sofort zur Stelle waren, gingen in dieser Nacht unermessliche Werte verloren. Viele Bücher, die in letzter Sekunde noch gerettet werden konnten, sind stark beschädigt und müssen aufwändig restauriert werden. Auch die Rekonstruktion und Restaurierung der stark zerstörten Bibliotheksräume erfordert erhebliche Mittel, die ohne privates Engagement nicht aufgebracht werden können. Die Stiftung Weimarer Klassik und Kunstsammlungen hat ein Sonderkonto für Spenden zur Restaurierung und Wiederbeschaffung von Büchern eingerichtet:

Stiftung Weimarer Klassik und Kunstsammlungen
Deutsche Bank AG Erfurt
Konto-Nr. 289 002 808
Bankleitzahl 820 700 00
Kennwort Buchpatenschaft

Spendenkonto der Gesellschaft Anna Amalia Bibliothek e. V.:
Gesellschaft Anna Amalia Bibliothek e. V.
Sparkasse Mittelthüringen
Konto-Nr. 301 040 400
Bankleitzahl 820 510 00
Kennwort Wiederaufbau HAAB

Platz der Demokratie 4
99423 Weimar
Tel. 0 36 43/54 52 05
www.anna-amalia-bibliothek.de

### Schloss Tiefurt

Zwei Kilometer östlich von Weimar liegt Schloss Tiefurt. Zunächst diente das Gebäude dem Prinzen Friedrich Ferdinand Constantin als Wohnung. Nach dessen Aufbruch zu einer Kavaliersreise im Jahr 1781 erwählte Anna Amalia das Schloss zu ihrem Sommersitz. Die Glanzzeit erlebte die Tiefurter Geselligkeit zwischen 1781 und 1784. Das Schloss ist von einer reizvollen Parklandschaft umgeben, der Eduard Petzold, ein Schüler des Landschaftsgestalters Fürst Hermann von Pückler-Muskau, seine im Wesentlichen bis heute erhalten gebliebene Gestalt gegeben hat. Derzeit wird Schloss Tiefurt instand gesetzt und kann nicht besichtigt werden.

Hauptstraße 14
99427 Weimar-Tiefurt
Tel. 0 36 43/85 06 66
www.weimar-klassik.de
Wegen Baumaßnahmen ist Schloss Tiefurt voraussichtlich bis zum Frühjahr 2007 geschlossen.

### Dornburger Schlösser

Drei Schlösser – das Alte Schloss, das Rokokoschloss und das Renaissanceschloss – bilden auf einem Muschelkalkfelsen hoch über dem Saaletal zwischen Weimar und Naumburg ein reizvolles Ensemble, das durch eine Parkanlage miteinander verbunden ist. Insgesamt mehr als zwanzig Mal hat sich Goethe hier im Zeitraum zwischen 1776 und 1828 aufgehalten. Meistens wohnte er dann im Rokokoschloss, wo er unter anderem an der „Iphigenie" arbeitete. Während das Alte Schloss nicht öffentlich zugänglich ist, können die beiden anderen Schlösser besichtigt werden. Sie befinden sich im Besitz der Stiftung Weimarer Klassik und erinnern – zum Teil mit der original erhaltenen Einrichtung – an Goethes hiesige Aufenthalte.

07778 Dornburg
Tel. 03 64 27/2 22 91
www.dornburg-saale.de
Öffnungszeiten:
Sommer: Di–So 10–18 Uhr
Im Winter geschlossen

### Schloss und Park Ettersburg

Das Anfang des 18. Jahrhunderts errichtete dreiflügelige Barockschloss diente Herzogin Anna Amalia zwischen 1776 und 1780 als Sommersitz. Ähnlich wie im Schloss Tiefurt trafen sich hier in den Sommermonaten Goethe, Herder, Wieland, Musäus sowie andere Dichter, Schauspieler und musisch interessierte Angehörige des Hofs zu geistvollen Unterhaltungen. Den heutigen Landschaftspark hat Goethe nicht kennen gelernt, er wurde erst 1844 von Eduard Petzold nach Plänen von Fürst Pückler als englischer Landschaftsgarten angelegt. Eine 250 Jahre alte Schneise wurde 1999 – im Rahmen des Kulturhauptstadt-Projekts – als „Zeitschneise" erneut freigeschlagen: Sie stellt eine Sichtbeziehung zum nahe gelegenen Konzentrationslager Buchenwald her. Das Schloss ist in baufälligem Zustand und daher nicht von innen zu besichtigen. Das Kuratorium Schloss Ettersburg e. V. unterhält im Alten Schloss seine Geschäftsstelle. Auf Anfrage sind Gruppenführungen durch die Schlossanlage möglich. Im Eingangsbereich des Alten Schlosses ist eine Dauerausstellung zur wechselvollen Geschichte des Schlosses zu sehen. Der Park ist frei zugänglich.

99439 Ettersburg
Tel. 0 36 43/80 85 85
www.schloss-ettersburg.de
Die Besichtigung der Schlossanlage ist auf Anfrage möglich.

## Schloss Kochberg

Zwischen 1775 und 1786 war Goethe häufig auf Schloss Kochberg zu Gast. Das Renaissanceschloss, das Anfang des 17. Jahrhunderts aus einem wehrhaft angelegten Adelssitz hervorgegangen ist, ging 1733 in den Besitz des Kaiserlichen Hofrats F. C. Ludwig Freiherr von Stein über, der Charlotte von Steins Schwiegervater war. Carl von Stein, der älteste Sohn von Charlotte, der mit seiner Frau Amalie hier lebte, machte Kochberg zu einem geistigen Zentrum. Er ließ ein Liebhabertheater errichten, in dem noch heute Theateraufführungen und Lesungen stattfinden. Sein romantisches Aussehen erhielt das Schloss um die Mitte des 19. Jahrhunderts. Sehenswert ist auch der Landschaftsgarten. Im Schloss befindet sich eine Goethe-Gedenkstätte. Außerdem wird in einer Ausstellung über die Geschichte des Anwesens informiert.

07407 Großkochberg
Tel. 03 67 43/2 25 32
www.weimar-klassik.de
Öffnungszeiten:
Sommer: Di–So 10–18 Uhr
Im Winter geschlossen

## Ilmenau

Von 1776 bis 1796 hielt sich Goethe oft sogar mehrmals im Jahr in der thüringischen Kleinstadt auf. Die Statistik weist insgesamt 28 Ilmenau-Aufenthalte mit einer Gesamtdauer von mehr als 200 Tagen aus. Heute findet man Goethe, der sich als Vorsitzender der Bergwerkskommission um die Wiederbelebung des hiesigen Montanwesens bemühte, auf einer Bank vor dem Amtshaus sitzend. Die lebensgroße Bronzefigur schuf der Bildhauer Klaus Glutting aus Ilmenaus Partnerstadt Homburg. Im Amtshaus, einem stattlichen Gebäude des Spätbarock, ist ein kleines Museum dem Dichter und seinen Ilmenau-Aufenthalten gewidmet. In Ilmenau beginnt ein Goethe-Wanderweg, dessen Verlauf mit einem großen „Goethe-G" gekennzeichnet ist. Er ist 28 Kilometer lang und führt über Manebach bis zum Goethe-Museum in Stützerbach. Der Weg verläuft über den Kickelhahn, den Ilmenauer Hausberg (861 Meter). Auf dessen Gipfel steht neben einem Aussichtsturm das Goethehäuschen, eine aus Brettern errichtete kleine Schutzhütte, in der der Dichter am 6. September 1780 eines seiner populärsten Gedichte verfasste: „Über allen Gipfeln ist Ruh ..." Bald darauf erreicht man mit dem Jagdhaus Gabelbach eine weitere Ilmenauer Goethe-Gedenkstätte. In dem

hölzernen Jagdhaus, das Carl August 1783 erbauen ließ, war Goethe häufig zu Gast. Heute beherbergt es eine Gedenkstätte, in der über Goethes naturwissenschaftliche Studien im Thüringer Wald sowie über die Jagd am Weimarer Hof des 18. Jahrhunderts informiert wird.

## Ilmenauer Amtshaus

Am Markt 1
Tel. 0 36 77/20 26 76 oder 6 31 12
www.ilmenau.de
Öffnungszeiten:
Mai bis Oktober:
Di–So 9–12 Uhr und 13–16.30 Uhr
November bis April:
Di–So 10–12 Uhr und 13–16 Uhr

## Jagdhaus Gabelbach

Waldstraße 24
98693 Ilmenau
Tel. 0 36 77/20 26 26
www.ilmenau.de
Öffnungszeiten:
Sommer: Sa und So 10–17 Uhr
Winter: Sa und So 11–15 Uhr

### Jena

Dem viel beschäftigten Dichter und Minister oblag auch die „Oberaufsicht über die unmittelbaren Anstalten für Wissenschaft und Kunst in Weimar und Jena". In Ausübung dieser Funktion hielt er sich häufig in Jena auf, wo er den Vorgängerbau des Inspektorhauses des Botanischen Gartens bewohnte. Das heutige Gebäude wurde 1825–27 anlässlich von Carl Augusts 40. Regierungsjubiläum vom Weimarer Hofarchitekten Coudray errichtet. Goethe, der die Planungen stark beeinflusste, ist ein seit 1921 in dem Gebäude untergebrachtes Museum gewidmet.

**Inspektorhaus des Botanischen Gartens / Goethe-Gedenkstätte**
Fürstengraben 26
07745 Jena
http://jenakultur.jena.de
Öffnungszeiten:
Mitte Mai bis September:
täglich 9–18 Uhr
Mitte September bis Mitte Mai:
täglich 9–17 Uhr

### Wielandgut Oßmannstedt

Zwischen Weimar und Apolda liegt Oßmannstedt, wo sich der Weimarer Minister Heinrich Reichsgraf von Bünau ab 1757 einen Alterssitz anlegte. Dieses Gut nutzte Herzogin Anna Amalia in den Jahren von 1762 bis 1775 als Sommersitz. 1797 erwarb Christoph Martin Wieland das Anwesen, um hier ein Leben als „poetischer Landjunker" zu führen. Gleich im ersten Jahr war auch Goethe hier zu Gast, er bezeichnete Oßmannstedt in einem Brief an Schiller allerdings als die „traurigste Gegend der Welt". Diesem Urteil werden heutige Besucher kaum zustimmen. Nach umfangreichen Rekonstruktions- und Restaurierungsarbeiten wurde das malerisch gelegene Wielandgut im Sommer 2005 als Museum und Bildungsstätte wieder eröffnet. Das Museum erinnert an Christoph Martin Wieland und an die Geschichte des Gutes, in dessen Park sich die Grabstätten des Dichters, seiner Gattin sowie die von Sophie Brentano befinden.

99510 Oßmannstedt
Tel. 03 64 62/3 23 75
www.weimar-klassik.de
Öffnungszeiten:
Sommer: Di–So 10–18 Uhr
Winter: Sa und So 10–16 Uhr

### Goethe-Museum Stützerbach

Den Zielpunkt des in Ilmenau beginnenden Goethe-Wanderwegs bildet das Goethe-Museum Stützerbach. Es befindet sich im Haus des Glashüttenbesitzers Gundelach, bei dem Goethe dreizehn Mal zu Gast war. Das „Goethezimmer" ist im Stil des frühen 19. Jahrhunderts ausgestattet. Die Dauerausstellung dokumentiert unter anderem Goethes Aufenthalte in Stützerbach sowie die Geschichte der örtlichen Glasproduktion. Nicht nur die Häufigkeit der Besuche zeigt, dass sich Goethe, der oft in Begleitung von Herzog Carl August kam, hier offenbar wohl gefühlt hat. Der Dichter sprach ausdrücklich von seinem „geliebten Stützerbach". Am 3. August 1776, also schon bald nach seinem Eintreffen in Weimar, schrieb er hier das Gedicht „Dem Schicksal", das später den Titel „Einschränkung" erhielt. Er arbeitete hier auch am „Wilhelm Meister". Seit 1970 werden alle Räume des ersten Stockwerks museal genutzt.

Sebastian-Kneipp-Straße 18
98714 Stützerbach
Tel. 03 67 84/5 02 77
www.weimar-klassik.de
Öffnungszeiten:
Sommer: Sa und So 10–17 Uhr
Winter: Sa und So 11–15 Uhr